Christian Ernst von Bentzel-Sternau

Über das Verhältniss der tätigen und leidenden Kraft im Staate

zu der Aufklärung bei Veranlassung der neuesten Unruhen

Christian Ernst von Bentzel-Sternau

Über das Verhältniss der tätigen und leidenden Kraft im Staate
zu der Aufklärung bei Veranlassung der neuesten Unruhen

ISBN/EAN: 9783743497887

Hergestellt in Europa, USA, Kanada, Australien, Japan

Cover: Foto ©ninafisch / pixelio.de

Weitere Bücher finden Sie auf **www.hansebooks.com**

Ueber das

Verhältniß

der

thätigen und leidenden

Kraft im Staate

zu

der Aufklärung.

Bei

Veranlassung der neuesten Unruhen.

Frankfurt am Main,
bei Varrentrapp und Wenner.
1790.

Revolutionen sind das große Thema der Geschichte. Jedes Zeitalter zeigt die seinigen auf — jede Nation theilt nach den ihrigen die Geschichte ihrer Väter und ihre eigene, indeß sie neuen entgegen geht. Sonderbar genug, daß aus allen der Universalblik des Geschichtforschers nur das alte und immer wiederkehrende Resultat zieht: Es ist nichts Neues unter der Sonne. Schauplaz und Personen wechseln — das Wesentliche der Handlung bleibt dasselbe, welches vielleicht vor Jahrtausenden in einem andern Winkel dieser von so unaufhörlich thätigen Geschöpfen bewohnten Erde vorgieng. Große Reiche zertrümmern, und aus ihren Ruinen gehen kleinere Staaten hervor, die nach langen Reihen von Jahren und von Schiksalen wieder in ein großes Eins zusammenschmelzen, um sich dereinst von neuem zu trennen. Alleinherrschaft — Aristokratie — Volksregierung — Anarchie — Despotismus geben sich abwechselnd das Daseyn. Denn Namen und Gestalten ändern — nicht aber die Natur des Menschen. Er bleibt mit allen seinen Schwächen und Leidenschaften — mit allen den Trieben, welche die rohe, nur noch selten verlernte Natur in ihm so mächtig erregt, oder — um noch bestimmter zu sprechen — unter allen Gestalten bleibt der Mensch mit jener bildsamen Empfänglichkeit für Eindrücke aller Art, die Tugend oder Laster in ihn pflanzen — seine Thätigkeit stimmen, und ihr endliches Resultat (Charakter in der moralischen Kunstsprache) in unverkenntlichem Gepräge seinen Handlungen ausdrücken. Daher jener ewige Zirkel in der Geschichte der Staaten, und der Menschheit.

Vorzügliche Aufmerksamkeit verdienen jene Auftritte, welche in dem Innern der Staaten gewaltsame und schnelle Veränderungen hervorbringen, und im engern Verstande Revolutionen genannt zu werden pflegen. Auch hier tritt jene alte und allgemeine Wahrheit historischer Einförmigkeit ein. Auch hier ist stetes rastloses Streben, so wenig vom glüklichen, und weniger noch vom oft voraus erträumten Erfolge gekrönt. Wirft man den Blik auf ihren unmittelbaren Ursprung, so ist das fast immer eine Handlung, welche die Menge in Bewegung und Aufruhr brachte. Lukretiens Selbstmord — Virginiens Ermordung — Griechenlands heiliger Krieg — gaben Rom zweimal Freiheit, und den freien Griechen Mazedoniens Fesseln. Das Signal zu der schreklichen Bartholomäusnacht waren mordende Soldaten — und bald belebte würgende Wuth ein ganzes Volk gegen seine Brüder. — Erwägt man ihren Fortgang, so erscheint die Menge nur als Mittel weniger Klügern, oder Schlauen; — oft eines einzigen großen Kopfes, der entweder das Geschehene schnell und weislich benuzte, und sich durch Volksenthusiasmus zum Vollender, zur

Unsterblichkeit oder zur Herrschaft schwang; — oder der schon zuvor Plane entworfen, und nun durch selbstgeschaffne Aufforderung den großen Haufen zur Ausführung in Bewegung sezte. Die Menge, diese ungestümme, zerstöhrende Masse, handelt in beiden Fällen oft ohne alles, immer aber ohne deutliches Bewußtseyn eines Zweckes. Es ist das Toben der Wogen gegen den dämmenden Felsen: er stürzt, und bald strömen sie wieder beruhigt dahin. So ergreift Leidenschaft den großen Haufen, und reißt ihn mit sich fort. Er stürmt und zerstört; aber dann wird er unthätig, weil Zwek, und Ideenfolge, und Anstrengung der Denkkraft seine Sache nicht sind. — In Ansehung des Erfolgs endlich ist wohl nichts so problematisch als dieser. Das Volk, oder die Menge ist Werkzeug: alles kömmt also auf die Hand an, der die Leitung zufällt. Ein Brutus befreit Rom — ein Cromwel wird durch die Lüge der Freiheit unbeschränkter Usurpator. Auch selbst dann ist noch die Frage, ob der Erfolg Gefahr und Kosten der Unternehmung aufwiege. Wetteifernd mit seinem Ahnherrn wollte der lezte Brutus, wie jener, Roms Befreier werden: Schwärmerei nahm ihm den graden, gesunden Blik — er raubte der Welt einen ihrer größten Geister, und das der Freiheit unfähige Rom gieng durch neue Ströme von Blut zur Unterwerfung über. Werfe man noch einen Blik auf die ganze Geschichte, und man wird sich überzeugen, daß auch hier nur ein stets zu seinem Anfange zurückkehrender Kreislauf ist.

Entflammte Einbildungskraft schmeichelt sich mit täuschenden Bildern von Glükseligkeit — nimmt schöne Ideale für nahe Wirklichkeiten, und zernichtet die Gegenwart, um dem Phantome zuzueilen.

So sehr aber die Wesenheit der Revolutionen in allen Fällen dieselbe ist, so groß ist doch in einer andern Rüksicht ihre Verschiedenheit, und so interessant ist es, diese zu ergründen und zu beobachten. Sie liegt in der entfernten, oft langsam vollendeten Veranlassung, welche der unmittelbaren Gelegenheit des Ausbruchs oft ganz fremd, und von welcher diese in andern Fällen oft nur ein Theil, nur der Schlußstein ist. — Keine Revolution ist das Werk des Augenblickes, wie sie es doch oft zu seyn scheint. Eben in jener stürmenden Theilnehmung des Volkes liegt der Grund ihres tieferen Ursprunges. Die Empfänglichkeit für Ideen gewisser Art muß vorher existiren, ehe diese Ideen bewerkstelligt werden können. Oft ist dies der Kunstgriff schlauer Partheistifter. Sie streuen lange zuvor den Samen aus, der ihnen spätere Früchte bringen soll; — sie verbreiten Begriffe und Meinungen, auf welchen sie dereinst ihr System errichten wollen. Haben diese erst Wurzel gefaßt, und ist der Mensch vertraut mit den anfänglich ihm fremden Ideen geworden, dann sind sie ihres Erfolges beinahe zum Voraus gewiß. Allein auch nicht immer tritt hier absichtliche Veranstaltung ins Mittel. Die Kultur einer Nation kann eine solche Wendung nehmen, daß gewisse Lieblingsideen einiger Lieblingsschriftsteller allgemein herrschend werden. Hierzu bedarf es so gar viel nicht. Die zahllose Menge der, besonders bei erwachender Kultur, thätigen Nachahmer hängt sich an jene Ideen, die vielleicht durch ihre Originalität, oder wenigstens durch die Neuheit ihrer Einkleidung gefielen, und um so fester, je lebhafter ihre Sehnsucht ist, mittels dieser Empfehlung sich im Publikum fortzuhelfen, und ihre Hütte im Schatten eines großen Mannes zu bauen, wo sie die Kritik nicht finden, vielleicht zu suchen nicht einmal wagen soll. Auch unter dem lesenden Publikum ist jene Anzahl nicht gering, welche, durch das Ansehn eines in der Litteratur verehrten Mannes geblendet, sich ohne eigene Untersuchung ergiebt, und eine Meinung nun eben so schnell und wirksam weiter fortpflanzt, als solche auf sie selbst fortgepflanzt wurde. Einmal zum Tone geworden, hat sie das Vorurtheil der Unfehlbarkeit bei dem großen Haufen für sich; und da keine Furcht dem menschlichen Geiste, der mit Kultur etwas bekannt wurde, unerträglicher ist, als jene, für minder fähig gehalten zu werden: so ist bey dieser Uebertreibung sehr bald jene Geistesgährung vorhanden, die nun nur noch einiger mitwirkenden Ursachen, oft nur eines zufälligen Anlasses bedarf, um unaufhaltsam, und mächtig in ihren Wirkungen sich zu äußern. Dann ist selbst die edelste, an sich nützlichste Wahrheit mißlich und gefährlich, weil sie für die große Menge Wahrheit zu seyn aufhört, und dieselbe dennoch mit dem Gefühle, Wahrheit zu sprechen und zu vertheidigen, erfüllt. Dies Gefühl wird Dünkel. Da die Einsicht jener Wahrheit, für die er eingenommen ist, dem großen Haufen abgeht, so mangelt ihm auch Ueberzeugung: er hat nur Glauben, und welchen Glauben! Es ist Täuschung, Hang, Gewohnheit — und doch beseelt ihn Eifer. Hier hat jeder gewonnen Spiel, der, diese Lieblingsidee benutzend, sich an die Spitze einer Parthei stellen will. Es war von jeher die Weisheit der Partheihäupter, mittels unbestimmter, und um so mächtiger auf die Einbildungskraft wirkender Ideen sich der Köpfe zu bemeistern. Aus schwankenden Begriffen von Gottheit, Zustand nach dem Tode, und geheimer Furcht und Hoffnung flochten so manche Religionsschwärmer die unsichtbaren und gewaltigen Bande, an welchen sie Tausende hinter sich herschleppten. Die Geschichte sagt, was sie damit zu bewirken vermochten. Aus dunkeln und unbestimmten Ideen von Religion, Vaterlandsliebe und Freiheit erzeugte Cromwel das abscheuliche System des legalisirten Königsmordes, und den Umsturz der ganzen bisherigen Verfassung mit Beibehaltung der dem Volke geläufigen Formen. — Schwankende Ideen von Aufklärung, Rechten der Menschheit, von Freiheit und Nationalglük verbreiteten sich aus den Schriften einiger großen, und nicht selten eben so paradoxen Geister, mittels des Kanals theils aufgeklärter, und wirklich für Menschenwohl eifernder Schriftsteller, theils gutmeinender, theils lächerlicher Universalisten und Nachahmer, in die lebhaften Köpfe einer edeln und guten, aber mit feurigem Geiste und reizbarer Empfindung begabten Nation. Vielseitiger und langjähriger Druk, und endliche Hülflosigkeit der Regierung nöthigte diese, auf die Nation zu compromittiren: bei der allgemeinen Stimmung folgte die Revolution unmittelbar auf das Signal — In wenig Worten, die neueste Geschichte des benachbarten Frankreichs.

Eine Revolution, wie vielleicht in Rüksicht ihrer entfernten Veranlassung wenige existirten, obgleich in Rüksicht ihrer sichtbaren Folgen viele. Ein erneuerter Anblik jener Verwüstungen, welche vor bald dreihundert Jahren unser Vaterland verheerten, und vielleicht der Vorbote erneuerter Zeiten der verderblichen Ligue, welche schon einmal Frankreich an den Rand des Unterganges brachte. Damals erhizte Religionseifer die Menge, und nun ist Freiheitswuth an seine Stelle getreten. Hier wie dort zerreißt Schwärmerei die heiligen Bande gesezlicher Ordnung; das Ansehn der obersten Gewalt verschwindet, um der Anarchie Plaz zu machen, und Anhänglichkeit an alte Verfassung wird ohne weitern Zusaz Verbrechen. Der erste Erfolg der wiederhergestellten Freiheit ist fürchterliche Inquisition politischer Meinungen: neue Kezerverfolgungen entstehen mit neuen Sektennamen, und politische Märtyrer hinterlassen ihren Anhängern die sicherste Aufforderung zu Rache und Zwietracht. Tobende Unordnung bemeistert sich aller Theile des Reiches; niemand weiß mehr zu gehorchen, und niemand vermag zu gebieten. Das Volk ist Kläger und Richter: der

Beklagte sucht mit thränendem Auge den Schuz des Gesetzes; aber dies erste Vorrecht der Freiheit wird ihm nicht zu Theile. Die Opfer bluten; aber sie sind der Privatrache oder blinden Leidenschaft mit unreinen Händen geschlachtet; nicht dem allgemeinen Besten. Die Repräsentanten der Nation sind auf theoretische Entwürfe eingeschränkt; — das Volk tobt, und weiß nichts von einer Nation. — Wenn das erste Ungestümm vorüber ist, dann erst kann es vielleicht der Stimme einiger Weisen gelingen, Ordnung zurükzurufen, und Balsam in die Wunden des Vaterlandes zu gießen. Allein der Geist der Unruhe schreitet über die Gränzen seiner ersten Entstehung, und theilt sich epidemisch andern Gegenden mit. Hier ist wohl die untrügliche Charakteristik der Volksrevolution unverkenntlich! die sich durch bloßes Beispiel, durch glüklichen Erfolg ihres ersten Anfanges empfiehlt, ohne vorhandene Kenntniß der Lage, der Bedürfnisse und Hülfsmittel; ohne Aehnlichkeit der Umstände und Verhältnisse!

Tausend Stimmen klagen die Aufklärung als ursprüngliche Quelle jener Unruhen an, die in den neuesten Tagen so gewaltsame Zerstörungen zur Folge haben. Ihre Feinde treten nun mit verjüngter Kraft auf, und lesen in diesen Begebenheiten die längst vorgesehene Erfüllung ihrer trüben Weissagungen. An sie schließt sich leicht jene Zahl an, die mit reinem Willen des Besten, allzuviel Schwäche verbindet, um nicht gerne der Ruhe und dem alltäglichen Hange jedes

Opfer zu bringen. Auch hier bestätigt sichtbar sich die alte, und nie oft genug zu wiederholende Wahrheit, daß durch Mißbrauch und Ueberspannung die gute Sache weit mehr von ihren eignen — ächten oder unächten — Vertheidigern, als von ihren wirklichen und erklärten Gegnern litt. Jene geben durch unzeitigen oder ungemäßigten Eifer Blößen, welche diese zur Benutzung einladen, und sie meistens noch überdies mit dem scheinbarsten Vorwande versehen, ihre wahren Absichten zu verhüllen, und das Unrecht mit unwiederbringlichem Nachtheile auf die Gegenseite zu wälzen. Leider ist dies nur gar zu oft das Schiksal des allgemeinen Besten!

Nicht die Sache selbst, nur ihre Anwendung ist auch hier die Quelle des Uebels. Nicht Aufklärung, diese Mutter des wahren Menschenglüks, wohl aber ihr fehlerhafter Gebrauch, oder in manchen Fällen ihr Misbrauch, giebt jenen traurigen Erscheinungen den Ursprung. Der Geist des Menschen ist wohl eben so wenig der schnellen Versetzung von einem Extreme zum andern fähig, als sein Auge des plözlichen Ueberganges von Finsterniß zum hellen Lichte. Die Vorsehung sezte zwischen beide der unmerklichen Abstuffungen so viele, und doch handeln unsere Philosophen größtentheils diesem ächten Gange der Natur zuwider. Sie geben dem Menschen alles, was kaum gefunden, was zum Theile noch nicht hinlänglich bestimmt ist, im vollsten Maaße; — überströmen ihn mit Wahrheiten und Wahrscheinlichkeiten, deren Daseyn er oft nicht ahndete — fordern ihn auf, sie zu erkennen, zu verehren, zu gebrauchen — und wenn nun das unerfahrne Kind mit dem lodernden Feuerbrande umhergauckelt, bis plözlich die Flammen emporschlagen — dann staunen wir, und fluchen dem Feuer, ohne dessen wohlthätige Existenz unser Leben ein ödes, freudenleeres Daseyn wäre. Ist dies wohl gerecht, und ist es weise?

Es gilt hier ein wichtiges Interesse der Menschheit. Es ist die Frage, ob Aufklärung durch gewaltsame Revolutionen zum Besten der Menschheit wirksam werden muß, oder ob ihr nicht die große Bahn offen steht, allmähliche, aber in ihren Folgen um so dauerhaftere und nüzlichere Umstimmung hervorzubringen, ohne wirklich bestehende Verfassungen zu kränken oder zu zerreissen. In diesem lezten Falle ist ihre Anwendung ehrwürdig. Sie trägt das Gepräge wohlthätiger Weisheit, die sich zu den gewöhnten Formen der menschlichen Denkart herabläßt, um dem Menschen verständlich zu werden. Sie ist nicht nur möglich, sondern scheint auch die einzig beste, weil keine Betrachtung wichtiger ist, als Gutes mit möglichst wenigem Nachtheile zu stiften. Ein weiser Grundsaz peinlicher Gesezgebung verdient hier analoge Anwendung. So wie man dort das Verbrechen lieber verhüten, als strafen muß: so sei es auch hier Regel, Menschen nicht erst unglüklich zu machen, um sie wieder zu beglücken. Und doch ist dies der Fall so vieler gutmüthigen oder arglistigen, immer aber gleich verderblichen Schwärmer, welche ein bethörtes Volk gegen Regenten und Verfassung empören, denen es sich entzieht, um in die Falle despotisirender Demagogen zu rennen. Auch auf Klügere pflanzt sich diese Stimmung des Volkes fort. — Sollte nicht das so lange schon lehrreich betriebene Studium der Geschichte endlich die lebhafte Ueberzeugung hervorgebracht haben, daß auf diese Weise reelles Glük der Menschheit nicht zu gründen ist? Warum sollen wir das uns nahe Gute zurükstoßen, um unsere schwärmenden Blicke an den ungewissen Schimmer entfernter Staatsideale zu heften?

Es gilt ein wichtiges Interesse der Menschheit. Es ist die Frage: ob Aufklärung sich rechtfertigen werde — ob sie in unsere schon vorhandene Staatsverhältnisse passe. — Jeder, der dem Besten des Ganzen warme Theilnehmung weiht, und sich von dem Einflusse der allgemeinen Opinion auf das System der Menschheit und einzelner Staaten überzeugt hat, fühlt leicht, daß der Verlust jenes Rechtsstreites der Aufklärung das große Wohl des menschlichen Geschlechtes beträfe. Sie träte dann nur als fürchterliche und gefährliche Zerstöhrerin auf, und versänke vielleicht ohne Frucht unter den politischen Ruinen eines Welttheiles.

Es kömmt mithin alles auf Bestimmung ihres Verhältnisses zu der vorhandenen Staatsform an. Unabhängig von der besondern Modifikation einzelner Verfassungen giebt es ein allgemeines Staatsbild, wel-

.ches, so lange die Menschheit nicht ein großes Ganzes wird, oder werden kann, für jeden besondern, in ein gemeines Wesen versammelten Menschenhaufen gilt. Von diesem ist hier die Rede.

Wenn ich mir einige Betrachtungen über diese Frage erlauben darf: so muß ich folgende, nachher im Einzelnen näher zu bestimmenden Punkte vorausschicken.

I. In jeder Verfassung giebt es eine thätige und eine leidende Kraft.
II. Aufklärung ist absolut und relativ.
III. Der leidenden Kraft ist nur die relative angemessen.
IV. Die absolute bleibt daher der Verwaltung der thätigen Kraft in der Rüksicht vorbehalten, daß sie sich ihrer bedienen muß, die leidende zu ihrer Bestimmung und ihrem Glücke zu leiten.

Ich wende mich zu jedem dieser Sätze im Einzelnen.

I. In jeder Verfassung giebt es eine thätige und eine leidende Kraft im politischen Sinne.

Kraft ist das angebohrne Eigenthum des Menschen; Thätigkeit seine Charakteristik vom ersten Augenblicke seines Daseyns an. Sie tobt im Knaben, versucht im Jünglinge, handelt im Manne, und wiederholt im Greise. Sie ist das Resultat seiner Existenz — jener wunderbaren, verwickelten Zusammensezung, die wir Mensch nennen. Näher ist sie nicht zu bestimmen; denn sie konstituirt den Grundstof aller physischen und moralischen Untersuchungen.

Der Naturmensch ist ganz Kraft. Nur durch die angebohrnen Grenzen, und noch von keiner andern Rüksicht beschränkt, antwortet sie mit ihrer ganzen Elastizität jedem äussern Drucke. Die Betrachtung des Kindes ersezt uns den nie genossenen Anblik eines Naturmenschen, und macht uns seine Lage begreiflich. Aber auch nur der einzelne rohe Naturmensch wirkt mit voller Kraft. Zur ersten Beschränkung derselben wird die um ihn entstehende häusliche Gesellschaft. Seine Bedürfnisse nehmen zu; denn nun ketten sich fremde an die seinigen, und die Gegenstände derselben sind ihm werth. Er lernt Nachgiebigkeit kennen, und diese Nachgiebigkeit wird wechselseitig. Sie ist das unzertrennliche Attribut der menschlichen Gesellschaft, welche ohne sie nicht bestehen kann. Bald folgt außerhäusliche Gesellschaft. Verbundene Kraft schuf sie. Horden entstehen, die gemeinschaftlichen Bedürfnisse durch vereinte Kraft zu befriedigen suchen. Der Zwang nimmt zu; aber schon mangeln die Bande der Zuneigung, welche die erste Nachgiebigkeit erleichterten. Wechselseitige Noth war der Vereinigungsgrund, und ist erst dieser abgeholfen, dann kreuzt sich die zusammengedrängte Kraft. Es folgt Streit — die Verbindung wankt oder zerfällt. Bald knüpft oder bevestigt sie Bedürfniß von neuem. —
Dann entsteht die erste außernatürliche Sanktion des

gesellschaftlichen Zwanges. — Da Liebe und Zuneigung hier nicht wirken, so gebieten — die ersten Gesetze. Auch sie schuf Bedürfniß: die Kraft muß sich unter Vorschriften der Ausübung beugen. Hier ist leidende Kraft in politischem Sinne. Doch beugt sie sich nur in Ansehung gewisser Punkte. Die übrigen bleiben der Willkühr des Einzelnen überlassen, wie vorher; mithin bleibt sie noch immer Kraft, der Selbstthätigkeit nicht entzogen, wohl aber nach ihrem Zwecke geleitet. Die neu entstandenen Vorschriften, und vielleicht der Aelteste der Horde, der Patriarch, der Emir, der deutsche Graf (die Sache bleibt auch bei verändertem Namen dieselbe) welcher auf ihre Befolgung wachen soll, bilden die thätige Kraft dieser Gesellschaft.

Dies kurze, aber durch den Gang der Geschichte bestättigte Ideal der ersten, rohen bürgerlichen Gesellschaft, entwickelt deutlich die Begriffe von thätiger und leidender Kraft im Staate, welche auch bey weit größern, verwickelten, und an Gesetzen reichern bürgerlichen Verfassungen dieselben bleiben. Unverändert ist das Verhältniß beider unter sich. Streit soll verhütet werden — d. h. — Ruhe und Sicherheit aller Glieder und zugleich des Ganzen der Gesellschaft, sind der allgemeine Urzwek aller Gesetze. Die Bewirkung desselben ist die Pflicht der thätigen Kraft im Staate, aber auch die unverrükbare Norm ihres Rechtes. So erstrekt sich gleichfalls die Pflicht der leidenden Kraft nicht weiter. Ist diese erfüllt: so bleiben alle andere

Rük-

Rüksichten der Ausübung des natürlichen Vermögens, in der Willkühr seines Besitzers; und darum behält er Kraft. Leidende Kraft im Staate heißt also keineswegs Sklaverei; — thätige keineswegs Despotismus. So deutlich dieser Unterschied ist, so deutlich ist auch die Nothwendigkeit beider erwiesen.

Nun kömmt nur noch jene wichtige, und von so manchen Freiheits- und Menschenrechtsverfechtern gänzlich außer Acht gelassene Betrachtung hinzu, daß Ruhe und Sicherheit des Ganzen und der Theile bei weiter getriebner Kultur der Gesellschaft auch manche neue Beziehungspunkte erhalten, welche bei dem ersten rohen Anfange bürgerlicher Verbindungen eben so wenig existiren, als in der Folgezeit, und bei wesentlich veränderten Umständen ausbleiben konnten. Daher modifizirt sich sodann die Theilnehmung der thätigen Kraft, weil die Gesetze sich modifiziren. Beim ersten Aufblühen des Staates war lediglich Ruhe und Sicherheit sein Bestes: denn die noch ganz ungebändigte Natur des Menschen lag mit dem Eigenthum in allzu lebhaftem Streite. Als aber Ackerbau — Handel — Künste und Gewerbe in stuffenweiser Entstehung Wohlstand und Reichthum verbreiteten — als die natürliche Kraft des Menschen durch künstliche Entwickelung beinahe unendlich vervielfältigt zu werden anfieng, und um den neu erwachten Schöpfungstrieb zahllose Bedürfnisse sich sammelten — als man Sitten, und moralische Kultur, und die größte aller Künste, die Erziehungskunst, kennen

B

lernte — da entstand das, wovon weder der ganz rohe Naturmensch, der nur seine ersten Bedürfnisse und auffer ihnen nichts kannte; noch das wilde Lehrsystem, jene Mittelstuffe der Kultur, worinn blos die Schärfe des Schwerdtes, und die Menge rüstiger Vasallen entscheiden; noch endlich der einfache Handlungsspekulant, der nur um des Erwerbes willen erwarb, etwas ahndeten. — Es entstand nemlich der Begrif eines allgemeinen Besten; ihm ordnete sich unter: gesunde Gesetzgebung für den bevölkerten Staat, gute und thätige Polizei im weitesten Umfange, öffentliche Erziehung und Volksbildung. — Europa entwuchs der alten und mittlern Barbarei in ein durch wechselseitige Macht und Furcht geordnetes Staatensystem; und nun gesellten sich zu jenen neuen Theilen der Administration noch äußere Staatskunst, Unterhandlungen, große ständige Kriegsmacht. So wurde das System der Staatsverwaltung ausgebildet, und die Sphäre der thätigen Kraft im Staate erweitert; — allein ohne Nachtheil, und zugleich nicht ohne Vortheil der leidenden; denn Beförderung ihres Besten, und Vermeidung des durch diese neuen entwickelten Verhältnisse möglichen Schadens wurden die näher bestimmte Pflicht der ersten.

Ich glaube nicht, daß der Menschheit Bestes, und das Wohl der Staaten durch Deklamationen gewinnt; aber ich halte mich nicht minder versichert, daß beide viel durch sie verlohren, weil nichts geschikter ist, die nicht denkende Menge auf Kosten ihres eigenen Glückes zu erhitzen, als eben sie. Nie konnte ich mich daher eines geheimen Mißvergnügens erwehren, wenn ich auf so manchen rednerischen Ausfall auf die von der höchsten Staatsgewalt angeblich zu Erweiterung ihrer Macht geschaffene Idee des allgemeinen Bestens stieß. Wahrscheinlich würde ein aufmerksamer Blik auf Geschichte der Staaten und der Menschheit vieles Licht hierüber gegeben haben, wenn es nicht zu sehr die Eigenheit der Schwärmerei wäre, außer ihrem Lieblingsgegenstande nichts zu sehen. Unsere Staaten haben eine ganz andere Gestalt, als sie nach der Völkerwanderung — nach den Kreuzzügen — und bei der Entdeckung der neuen Welt hatten. So wie die Bedürfnisse der Individuen vielleicht hundertfach so hoch gestiegen sind, als sie in den rohen Zeiten der ersten Hordenverbindung, und in der stuffenweisen Entwiklung der Kultur waren; so auch jene des Staates. Beides aus denselben Gründen. Ich erwähnte ihrer vorhin.

Aber wenn nun die thätige Kraft im Staate an Ausdehnung gewann, stieg nicht in gleichem Verhältnisse auch die leidende? — Wenn ausgebildete Gesezgebung nothwendig wurde, war es nicht die Folge eines sehr vermehrten Privateigenthums? und blieb nicht dieses in seines Besitzers Willkühr? — Polizei sezt doch wohl thätige Landbauer, erfindsame und beschäftigte Künstler, weitaussehenden Handelsverkehr zum Voraus; — und Industrie jeder Art ist vorzüglich die Sphäre, worinn die leidende Kraft für sich thätig wird. — Wenn der Staatsbürger aus wohl eingerichteten Erziehungsanstalten würdige und fähige Erben seines Vermögens, seines Kredits und Gewerbes erhält: so verliert er doch wohl hiebei nicht? — Wenn aber diese Erziehungsanstalten allgemeine Grundsätze herrschend machen, welche mit Verfassung und Moralität harmoniren, und so beide bevestigen: so werden mit dem Staate alle Familien in ihrem Innern die wohlthätigen Folgen der verbesserten Erziehung empfinden. — Wenn Wissenschaften und Litteratur blühen, nüzliche Kenntnisse verbreiten, angenehme Erholungsstunden gewähren, und der Denkkraft, dem Fleiße, und dem Genie reiche Quellen von Unterhalt und Ehre eröfnen: so geschieht dies gewiß nur zum Vortheile der bürgerlichen Gesellschaft und ihrer Glieder, die nach eigenem Wohlgefallen dieser Laufbahn sich widmen können? Was endlich die äußern Staatsverhältnisse betrift, so nenne man sie immerhin Uebel: allein man gestehe zugleich, daß sie unvermeidlich sind; man leugne nicht, daß es der Klugheit weit gemäßer sei, der wirklichen Lage sich anzupassen, als sich in frommen, und oft thörichten Wünschen fruchtlos zu verlieren; durch diese eitle Sehnsucht Thatkraft und muthigen Sinn leichtsinnig abzustumpfen, und zulezt aus übelverstandener Größe oder täuschender Schwäche als das lächerliche Opfer klügerer und unternehmender Nachbarn oder Gegner zu erliegen. Nenne man sie immerhin nothwendige Uebel: so wird es auch in dieser Voraussetzung nicht minder wahr bleiben, daß die leidende Kraft im Staate in eben dem Verhältnisse sich besser befinden wird, in welchem die thätige diese Geschäfte mit mehr Thätigkeit, Entschlossenheit, Weisheit und Vorsicht behandelt. Werfe man aber zulezt noch einen Blik auf die Natur dieser nothwendigen Uebel, und dann einen auf die Geschichte und die Biographien so vieler großen Männer; vielleicht überzeugt man sich dann, daß in der bisherigen Lage der Menschheit (ohne hier der Möglichkeit einer künftigen andern zu erwähnen) die unvermeidlichen nachtheiligen Folgen jener Verhältnisse durch die wichtige Einwirkung derselben auf Entwiklung, Größe und Thatkraft des menschlichen Geistes, und deren häufiges Resultat, Beglückung der Menschheit im Ganzen, und ihren Theilen, — welches alles wir ihnen verdanken, doch sehr vergütet werden. Unabhängig von der weitern Betrachtung, daß sie vielleicht zur Vervollkommnungsanstalt der Menschheit gehören, haben sie also wirklich Vortheile, und sind.

Diesem allem nach glaube ich es billig Ungerechtigkeit nennen zu dürfen, wenn man das mit dem gehäßigen Namen des Despotismus brandmarken will, was in allen innern und äußern Verhältnissen des Staates, in seinem Ursprunge und Zwecke selbst gegründet ist, und keinem Begriffe des Rechtes widerspricht. Die oben entwickelten Begriffe von thätiger und leidender Kraft bleiben also in ihrem Werthe. Zu läugnen ist zwar keineswegs, daß Mißbrauch hier, wie allenthalben, möglich ist: allein darum bleibt die Wahrheit ihrem reinen Begriffe nach unverändert. Das Loos, welches uns Menschen zu Theil wurde, ist: Wahrheit zu suchen, und sie möglichst lauter anzuwenden; ganz ohne Mißbrauch würde sie dann nur bleiben, wenn wir mehr, als Menschen wären. Darf aber wohl die ächte Weisheit den Gebrauch um des Mißbrauches willen verdammen?

Soviel hievon nur im Vorübergehen, weil es den Saz betraf, welchen ich in der Folge meiner Ideen hier berichtigen mußte. Die nothwendige Existenz einer thätigen und leidenden Kraft im Staate ist erwiesen. Aus der Natur der Sache selbst fließt, daß unter jener die obere Staatsgewalt (welchen Händen, und auf welche Weise sie ihnen immer anvertraut seyn möge) — unter dieser das gesammte übrige Ganze der bürgerlichen Gesellschaft zu begreifen sei. —

II. Auffklärung ist absolut und relativ.

Auffklärung im weitesten Sinne glaube ich mir als deutliche und zwekmäßige Einsicht aller unserer Verhältnisse definiren zu dürfen.

Diese Verhältnisse gelten entweder für alle Menschen überhaupt, oder nur in gewissen Beziehungen, für einzelne Klassen derselben.

Zu jenen gehören Religion — Moral und Tugendlehre überhaupt — Begriffe, Pflichten und Rechte des allgemeinen Natur- und Staatsrechtes — — — zu diesen Standespflichten — Landesverfassung — ökonomische⸗, Gewerbs⸗, Handels⸗ und Berufskenntnisse. Jene sind der eigentliche Gegenstand der absoluten, diese der relativen Aufklärung.

Dieser Unterschied scheint gänzlich in dem Wesen der Sache selbst zu liegen. Entschieden ist es, daß der Mensch zu seinem Glücke der Aufklärung bedarf; nicht minder gewiß ist es, daß ein bestimmter Begrif dieses Wortes erfordert wird, um die gehörige Anwendung desselben nicht zu verfehlen. Der Begrif hängt in Rüksicht seiner Anwendung von dem ihn bestimmenden Gegenstand ab, weil er als abstrakt ohne alle Anwendbarkeit ist. Der Gegenstand ist doppelter Art; die Abstraktion der Aufklärung erhält daher eine doppelte nähere und praktische Bestimmung.

Absolute Aufklärung schließt also eigentlich jene, allen Menschen gleich wichtige, aber nicht gleich faßliche Gegenstände in sich. Sie enthält gleichsam den Depot gesunder Ideen, aus welchem der Vorrath des durch so mancherlei Veranlassungen in der Anwendung modifizirten, und oft irre geführten Menschensinnes berichtigt, und ergänzt werden muß.

Relative Aufklärung steigt in alle die verschiedenen Klassen der Menschen hinab, und nimmt die Gestalt einer jeden an, um sie mit dem zu versehen, was ihr täglicher Gebrauch erfordert. Sie gleicht einer gütigen Mutter, die mit weiser Zärtlichkeit jedem ihrer Kinder an Nahrung und Pflege zutheilt, was seine Jahre, seine Gesundheit, seine Bestimmung und Beschäftigung verlangen, und ertragen.

Doch ist hier nicht von einer verborgenen Lehre die Rede, welche den Laien ein Geheimniß, das leicht zu mißbrauchende Eigenthum einer einzigen Klasse, sei, wie einst in Egypten und mehrern Gegenden des Orients. Beide Arten der Aufklärung sind nicht nur nicht so sehr, als man vielleicht glauben möchte, sondern eigentlich gar nicht von einander getrennt. Alles ist der Zunahme, so wie der Verminderung fähig: hier liegt ihr Vereinigungsgrund. Stets geht absolute Aufklärung in relative über; zuweilen giebt diese an erstere einen Theil des Empfangenen zurük. Die Empfänglichkeit der Menschen wird der Maaßstab ihrer relativen Aufklärung, welche, vorzüglich in Anbetracht allgemeiner, aber wichtiger Wahrheiten, dasjenige, was ihr bei vermehrtem Bedürfnisse abgeht, von der absoluten entlehnt, und dann ins gemeine Leben überträgt. Ihre Grenzen sind also im Allgemeinen nicht zu bestimmen; wohl aber die Weise ihrer Vermehrung aus dem Vorrathe der absoluten Aufklärung, und die Mittel, die nothwendige Empfänglichkeit hervorzubringen, und zu erweitern. Je mehr diese an Ausdehnung gewinnen kann, desto größer wird das Glük der Menschheit seyn, und vollendet wäre ihre Vervollkommnung dann, wann aller Unterschied zwischen absoluter und relativer Aufklärung einst aufhören könnte. Dann würden alle Menschen des vollständigen Besizzes der Wahrheit und ihrer ächtesten Anwendung fähig seyn. Allein bei der weiten Entfernung dieses Ideals bleibt nur das Bestreben übrig, durch stuffenweise

Fortschritte für die gute Sache des Menschenglückes zu sorgen, und — vor allem — durch hinreissende, wohl gar edle Schwärmerei uns nicht zur Eile verleiten zu lassen, die unwiederbringlichen Nachtheil mit sich führet: sondern einsweilen mit stetem Hinblik auf Bessersenn die Menschen so zu nehmen, wie sie sind, damit sie nach und nach, obwohl langsamer, doch gewisser, werden, was sie seyn sollen. Hierauf bezieht sich der Innhalt der folgenden Blätter.

Soweit indessen die Bestimmung dieser vorgängigen Begriffe. Ihre Anwendung wird sie noch deutlicher machen.

III. Der leidenden Kraft ist nur relative Aufklärung angemessen.

So lange man im Reiche der Wirklichkeit bleibt, kann man es der größern Anzahl der Menschen nicht aufrechnen, daß sie so ist, wie sie wirklich ist. Wenn man die Geschichte des Menschen aufmerksam durchgeht: so stößt man bald auf die Auflösung jenes anfänglich sonderbar scheinenden Problems, daß dies mit Denkkraft so reichlich ausgestattete Geschöpf doch wirklich so selten im eigentlichen Verstande denkt. — Man kann der Natur des Menschen, und der Mehrheit volle Gerechtigkeit wiederfahren lassen, sie schätzen und lieben, und doch von jener Wahrheit innig überzeugt seyn, weil sie das Resultat der richtigen Beobachtung ist. Betrachte den rohen Menschen, der aus den Händen der Natur hervorgeht; es ist nur das physische Geschöpf, dessen Bedürfnisse Befriedigung fordern, und deren Befriedigung ihn zum Thier macht, das mit den Thieren in Wald und Feld verweilt, und mit dem Wilde wild wird. Der rohe Mensch unter andern rohen Menschen ist nur wenig über diese erste Stuffe seines Geschlechtes erhaben: auch er verläßt ohne außerordentliche Veranlassung den Standpunct nicht, auf welchen ihn seine Geburt zuerst versezte. Der Hottentotte, und soviele andere wilde Völker mit ihm leben ihren Bedürfnissen allein, deren Erfüllung nur durch ihre Verbindung etwas erleichtert wird, und pflanzen unverändert ein thierisches Leben von Generation zu Generation fort. Auch der rohe Europäer war so: — die Kindheit aller Völker dieselbe. Verfolge man den kultivirten Menschen bis zu jener Epoche zurük, und bald wird man finden, daß nur Sinnlichkeit ihn von Stuffe zu Stuffe führte. Sinnlichkeit gab seinen Fähigkeiten die allererste dürftige Entwiklung, die sie auch dem Thiere nicht versagt. — Sie lehrte ihn seine Nahrung suchen und finden, hüllte ihn in die Haut des gejagten Thieres, und baute ihm die erste elende Hütte. Gereizte Sinnlichkeit erfand bessere Befriedigung des erhöhten oder vermehrten Bedürfnisses. Sie verwandelte den Jäger in den Hirten, und lehrte diesen das Feld bauen. Zufall, Beispiel, in spätern Zeiten Besiegung oder eigner Sieg machte den Menschen mit neuen Bedürfnissen bekannt, und die immer rege Sinnlichkeit, welche von der ewigen Weisheit zur

Amme des menschlichen Verstandes bestimmt war, erfand Mittel ihrer Befriedigung. So stieg Bedürfniß und seine Erfüllung in enger Verbindung allmählich. Eigenthum wurde eine große Anstalt zum Besten der Sinnlichkeit, welche seine erste Quelle war. Von ihm gieng Tausch aus; aus dem Tausche entstand Handel, und aus dem Handel Luxus. Schon war der Verstand und Geist des Menschen geschäftig geworden. Der Feldbau sammelte Erfahrungen, die erste Nahrung der Denkkraft; der Handel foderte Spekulationsgabe, und erregte den Scharfsinn, der im glüklichen Erfolge den Lohn seiner Thätigkeit fand. Luxus ermunterte vollends den Geist durch die unbegränzte Aussicht der mannigfaltigsten Reize und Freuden; Künste und Wissenschaften waren seine Kinder. Sie stiegen mit ihm in die Wette; ächte Weisheit wurde seine lezte Geburt. Sie dankt ihr Daseyn dem Luxus, ob sie gleich sein Uebermaaß bestreiten muß. — Sie sondert nun Geistigkeit von Sinnlichkeit, würdigt beide, und weist beiden ihre Stelle an; dann geht sie auf dem Wege der vorhandenen Erfahrungen über zu allgemeinen Wahrheiten, und sucht die Bestimmung des Menschen auf. Die erhabenste Klasse menschlicher Geister sammelt sich um sie, und schreitet nun synthetisch zu jener Vollkommenheit, welcher sich das Menschengeschlecht analitisch durch Jahrhunderte der Wildheit, der Barbarei, und der Thorheit nähern mußte.

Ist es endlich so weit gekommen, dann erst empfängt das Wort: Aufklärung, sein Daseyn; oft vor der völligen, bestimmten und deutlichen Entwickelung des Begriffes selbst, weil der menschliche Verstand auch jene sonderbare Eigenheit hat, großen und guten, oft auch nur glänzenden Ideen beim ersten fernen Anblicke entgegen zu eilen, und sie in der Anwendung schon ganz für das zu nehmen, was sie seyn könnten, und ihm zu seyn dünken.

Aus dieser kurzen Uebersicht der Geschichte der Menschheit und ihrer Kultur fließen folgende Wahrheiten:

Sinnlichkeit brachte relative Aufklärung hervor: auf diese folgte absolute. Jene wurde durch Industrie aller Art, und Gewerbsthätigkeit im Schoose des geselligen und geschäftigen Lebens; — diese aus dem vorhandenen reichen Erfahrungsvorrathe, mit Hülfe unermüdeter und richtiger Beobachtung, durch strenge und ernste Abstraktion erzeugt.

Sinnlichkeit ist die Urquelle aller menschlichen Thätigkeit und Thaten. Ihre Erhöhung, Ausdehnung und Bildung erhöht und bildet die Kraft des Menschen. — Sittenkultur und Geisteskultur stehen demnach im engsten Verhältnisse.

Sinnlichkeit also ist die Erzieherin des Menschen. Sie hatte auf ihn den wichtigsten Einfluß, und — verlohr ihn nicht. Abstraktion ist nur der Wenigern Sache: übrigens wirkt Sinnlichkeit mehr mittelbar oder unmittelbar. Die Menge der Menschen ist sinnlich, und bleibt es.

Auch ist es wohl unmöglich, daß es anders seyn sollte. — Was ist die größte Zahl der Menschen? Vorderhamst gehören hieher jene zahlreichen Klassen der producirenden und erwerbenden Glieder der Gesellschaft: der Landmann, der Gewerbsmann, der Künstler, der Kaufmann. Sie leben nur ihrem Gegenstande. Kaum nährt er den Anfänger, der alle Kraft anspannt, um durch mäßigen Unterhalt fernere Anstrengung sich möglich zu machen; denn in diesem Zirkel dreht sich lange die Existenz des Gewerbtreibenden. Sein Fleiß wird belohnt; — allein mit dem sich mehrenden Gewinne kehrt die Begierde nach Wohlstand in seiner Werkstätte ein. Bisher widmete er sich dem ungestümm fordernden Bedürfnisse; — nun will er Bequemlichkeit erringen; und — besizt er auch diese — Ueberfluß. Sorge für künftiges Alter, Furcht vor möglichem Mangel, Vaterliebe gegen unversorgte Kinder sind eben so viele mächtige Bewegsgründe, die seine Thätigkeit zu fernerer Anstrengung auffordern. Selbst dann, wann er reich wird, wann Furcht und Sorgen aufhören, und der vorübergehende Vortheil seiner Arbeit ihm ein bleibendes Unterpfand künftigen Wohlergehens hinterlassen hat, dann thut Gewohnheit, diese treue Gefährtin des Menschen, das Ihrige, ihn an den Lieblingsgegenstand seines ganzen Lebens zu fesseln. Sein Ideenvorrath ist beschränkt; und seine Berufsarbeit nimmt den ersten Plaz in dem selben ein. — Mit ihr gieng ein wesentlicher Theil seiner Existenz verlohren, aus dem er so oft Trost und Freude schöpfte, und dem er sein ganzes Seyn verdankt. So verläßt er sie denn selten ganz, und verändert, wenn er auch die sogenannte Ruhe genießt, doch seine Lebensweise in nichts. Man darf nur die tägliche Erfahrung zu Rathe ziehen, um das Bild ganz auszumalen.

Daher kömmt es denn, daß Leute dieser Art in dem Zirkel ihrer Ideen veralten: ihre Sphäre ist eingeschränkt, ihr ganzes Streben nur auf Einen Gegenstand konzentrirt, und ihre Erziehung ein wahres Familienstük, so daß eine Wendung des Geistes von Vater auf Sohn und Enkel in treuer Ueberlieferung sich zu vererben pflegt. Ihre Jugend ist blos sinnlich: nur wenig Kenntnisse sind der Gegenstand des dürftigen Unterrichtes, und selbst der verbesserte scheint seltner das Selbstdenken zu seiner Hauptabsicht zu machen. — Der Geist der Zöglinge verhält sich ganz als leidende Kraft, der mancherlei Ideen und Notionen eingeprägt werden. So wird mithin in der Regel der Flug desselben schon zeitig gehemmt. Häusliche Erziehung ist in dieser Klasse gewöhnlich nichts, als ein ziemlich beschränkter, lange her ererbter Sitten- und Frömmigkeitsmechanismus. Bei heranwachsendem Alter wird ihnen die väterliche, oder eine ähnliche Beschäftigung zu Theile, und nun gehn auch sie, ohne sonderliches Nachdenken, in dem gleichen Zirkel dahin.

Gleiches gilt auch von dem gewöhnlichen Gange einer Menge von Leuten, die nicht zu dem Nährstande gehören. Vorderfamst sind hier die Klassen der exequirenden Staatsdiener, als Finanz-, Oekonomie-, Magistratspersonen, zu erwähnen. Gewohnheit und mechanische Amtskenntnisse thun auch hier fast das Meiste. Bildung, Lebensart und Sitten haben auch hier, unter manchen Modifikationen, durch Herkommen vorgeschriebene Richtung.

Ferne sei es von dem Redlichen, durch Betrachtungen der Art einen abwürdigenden Blik auf den ehrenvollen Stand des verdienten Staatsbürgers im Amte werfen zu wollen. Unter den einmal von dem Gange menschlicher Bildung und Entwickelung unzertrennlichen, und in ihrer Natur gegründeten Wahrheiten kann die billige Achtung ganzer Klassen eben so wenig leiden, als jene des ganzen Geschlechtes, oder der gerechte Anspruch des Einzelnen auf auszeichnende Geisteskraft — und Thätigkeit. Die Untersuchung dieser auf das Ganze sich beziehenden Wahrheiten wird uns in ihrem Resultate die Betrachtung nicht entgehen lassen, daß die nüzliche und redliche Ausfüllung des einmal erhaltenen Standpunktes die wahre Ehre des zur Gesellschaft geschaffenen Menschen ist; und daß die wirkliche Anlage der moralischen Welt den schönen Traum, aus allen Menschen Genien, oder übermittelmäßige Geister zu bilden, unter die unausführbarsten und schädlichsten Chimären verweiset. Hier ist der Punkt, wo mißverstandene Aufklärung und Aufklärungssucht sich an die wirkliche Konsistenz der bürgerlichen Welt verderblich anschließen. Die Folge führt uns hierauf zurük.

Einen beträchtlichen Theil der hier in Frage befangenen größern Anzahl macht endlich die verzehrende, oder eigentlicher, die genießende, aus mehrern Ständen der Gesellschaft zusammengesezte Klasse, in Rüksicht vieler ihrer Mitglieder, und des gewöhnlich hergebrachten Ganges aus. Ob es wohl eines ausführlichen Beweises bedarf, daß im Allgemeinen auch hier Sinnlichkeit den mächtigsten Einfluß hat? Wenn man unsere Städte vom ersten und zweiten Range mit aufmerksamem Blicke durchgeht, so entscheidet sich diese Frage leicht. Genuß ist an sich selbst schon mit dem Wesen der Sinnlichkeit so enge verbunden, und für die natürliche Stimmung des Menschen so einladend, daß man diese gar nicht kennen müßte, um die Gewalt der Sinnlichkeit über den blos Genießenden zu bezweifeln. — Mit diesem ersten und mächtigsten Triebe des Menschen kann nur das von Sinnlichkeit selbst erregte Bedürfniß durch Anstrengung seiner Kräfte die ihm nüzliche Thätigkeit ins Gleichgewicht bringen, welches dennoch jeder Augenblik des Genusses zu stöhren leicht fähig ist. Und Menschen, die nur zu genießen bereit sind, die weder eigne Wahl, eigner Hang, noch Bedürfniß zu Thätigkeit auffordert, sollten nicht überwiegend sinnlich werden? — Ich spreche nicht blos von jenen Zeiten des überspannten Luxus — hinlänglich und kenntlich bezeichnet durch

durch die stets mit immer gleich unbefriedigter Begierde fortgesezte Jagd nach Vergnügen — durch die sie begleitende Stumpfheit für wirklichen Genuß, und durch das ängstliche Bestreben, dies unverscheuchbare Gefühl lästiger Leere vor eignem Bewußtseyn zu verbergen. Es ist so ganz in der Natur des Menschen, unter solchen Umständen alsbald auf diese Art zu handeln, weil so vielen die Kunst des reinen und edeln Genusses gebricht — die Kunst zu genießen, ohne auf den Gegenstand des Genusses unersezlichen Werth zu legen, Geschmak in der Auswahl mit Selbstbeherrschung in der Anwendung zu verbinden; kurz, in dem edlen, aber leicht verlezten Gefühle innerer Würde zu handeln. Auch die gewöhnliche Erziehung der genießenden Klasse zwekt im Allgemeinen noch nicht auf die so nöthige Verbreitung dieser treflichen Kunst ab. Ich übergehe hier alles Detail, weil es schon zu oft und zu gut gesagt ist, um mir die Wiederholung zu verstatten, oder sie zu erfordern.

Dieser Ueberblik der Hauptklassen der menschlichen Gesellschaft (nach moralischen Theilungsgründen geschieden) scheint zu beweisen, daß die leidende Kraft im Staate, oder die meisten Menschen durch Sinnlichkeit geleitet werden. Die nothwendige Folge ist, daß nur relative Aufklärung ihr angemessen seyn kann.

Denn Sinnlichkeit bahnt den Weg zu ihr, wie die vorhin angestellte Untersuchung zeigte. Sie lehrt jeden Menschen die mit seinen Verhältnissen zunächst verbundenen Bedürfnisse und Erfahrungen; und giebt also seiner Denkkraft die ihr eben nöthige Richtung. Seine monotonische, auf einen Gegenstand vorzüglich beschränkte Lebensart giebt dieser Richtung Fortdauer, und durch Gewohnheit Festigkeit; und endlich wird seine Denkkraft in der Regel, durch die ihm eigenen Relationen, beschränkt. Der Mensch, welcher mit dieser Kenntniß seiner individuellen Verhältnisse die Kunst ihrer Behandlung und die Anwendung seiner Erfahrungsgrundsätze verbindet, ist demohngeachtet gewiß aufgeklärt. — Ein Grund, warum relative Aufklärung durch eine nothwendige Folge der gesellschaftlichen Verfassung der an Ausdehnung der Denkkraft nicht gewöhnten größern Zahl zu Theile wird. Er liegt in der Natur der menschlichen bürgerlichen Gesellschaft, und ihrer unvermeidlichen Folge, der individuellen Eintheilung in die unendliche Menge der aus ihr entspringenden Geschäfte.

Sinnlichkeit ist bewiesenermassen die herrschende Triebfeder der Menge. Sie ist ein natürlicher durch Gewohnheit gestärkter Trieb. Die Denkkraft verliert durch sie an ihrem Vermögen. Nur scharfe Denkkraft ist richtiger und fruchtbarer Abstraktion fähig; und Abstraktion bildet absolute Aufklärung. Die größere Zahl ist mithin der absoluten Aufklärung nicht fähig, da sie des Mittels entbehrt, welches allein ihr dieselbe verschaffen kann. Es bleibt ihr also relative. Ein anderer Grund für den gefundenen Saz, welcher in der Natur des Menschen liegt.

Zu diesen, die ganze vorige Untersuchung im Resultate enthaltenden beiden Gründen, kömmt noch der unwiderlegliche faktische Beleg in der Geschichte aller Zeiten, welche uns die Menge immer unter dem richtigen Bilde eines, seiner natürlichen Stimmung nach zwar guthmüthigen, doch launenhaften, und bis zu rasender Wuth und Lasterthaten reizbaren Kindes zeigt. Die Menge denkt nicht — ist das Resultat aller historischen Erscheinungen, das mancher kleine und große Staat mit seinem Untergange bestätigte. Dies ist — um es hier gelegenheitlich zu erwähnen — die Haupturfache, warum eigentliche Demokratie nie existiren kann; und alle demokratischen Verfassungen nur von kurzer Dauer seyn müssen, und selbst während derselben von unaufhörlichen Unruhen und Gewaltsamkeiten bestürmt werden. Die Menge ist sinnlich — die Haupturfache jenes leidenschaftlichen Charakters, welcher allen Volksverfassungen so eigen ist. Daher ist Volksherrschaft der drückendste und grausamste Despotismus. Daher der athenienfische Ostracismus, dem jedes sich auszeichnende Verdienst zum Opfer wurde — jene Verbannungen, welche Roms beste Bürger, thätigste Patrioten, tapferste Krieger zum Lohne ihrer Thaten aus dem Vaterlande vertrieben — jene Ausschweifungen, die das zügellose Volk unter der Anführung ehrsüchtiger Tribunen begieng, und die mehr als einmal dem erschütterten Staate den Untergang drohten. Daher die schreklichen Auftritte bei der großen brittischen Katastrophe

Karl I. — bei den Unordnungen der Ligue — bei dem wüthenden Umsturze aller Schranken in der neuesten Geschichte Frankreichs. — Daher endlich die Raserei der Volksparthien, welche jede demokratische Verfassung zulezt einem Beherrscher in die Hände liefert.

So ist also die Menge ihrer Natur (oder eigentlicher, der Natur des Menschen zufolge) nur relativer Aufklärung fähig. Oefter wurde zwar das Gegentheil gesagt. — Ob es aber menschenfreundlich ist, die Schwäche durch täuschende Schmeichelei irre zu führen — ob es redlich ist, innerer Ueberzeugung, und der lauten Stimme der Geschichte zum Trotze, moralische Unmöglichkeiten für positive Wahrheiten auszugeben; sie durch den Zauber der Beredsamkeit und Schreibart dem Hintergangenen in reizender Gestalt vorzustellen, und so ihn über Blumen zum Verderben zu führen — das entscheide der, in dessen Busen ein Herz schlägt, dem ephemerischer Schriftstellerruhm minder werth ist, als gute Sache, Tugend, Menschenliebe und ächter Patriotismus. Doch hievon mehr in der Folge, wenn von den aus diesen Betrachtungen gezogenen Schlüssen die Rede seyn wird.

Nun ist noch die Frage übrig, wie denn eigentlich relative Aufklärung das Eigenthum der Menge sei. Die nähere Bestimmung dieser Frage fließt sowohl aus den Verhältnissen der leidenden Kraft im

Staate selbst, als aus der Beschaffenheit der Aufklärung; nur darf wohl nicht vergessen werden, daß Sinnlichkeit nur den Weg zu lezterer bahnt, und die Empfänglichkeit für ihre weitere Ausbildung vorbereitet. In Ansehung der gewöhnlichen, besonders mehr mechanischen Berufs- und Gewerbsideen und Gegenstände thut Erfahrung das meiste, so wie auch schon sie dieselben vervollkommnete. Doch bleiben nun noch Pflichten, welche die Folgen gegebener besonderer Verhältnisse sind — Pflichten des Menschen und Bürgers überhaupt — Kenntniß der Verfassung und Geseze — Es bleiben Religion im Allgemeinen und Besondern, dieser in jedem Betrachte so äußerst wichtige Punkt, und mit ihr noch mehrere Gegenstände, auch der absoluten Aufklärung, zu berichtigen. Hier schließen sich die folgenden Betrachtungen um so mehr an, je größer und inniger die schon oben bemerkte Verbindung relativer und absoluter Aufklärung, und ihr steter wechselseitiger Uebergang ist, und der Beschaffenheit ihres gemeinschaftlichen Zweckes gemäß seyn muß. Dieser ist das Glük der Menschen. Was an diesem Probiersteine nicht besteht, ist ächter Aufklärung fremd — was ihn verfälschen könnte, gefährlich. Je mehr es Sitte werden wird, allenthalben bestimmten Zwek, besonders bey Staatsanstalten, vor Augen zu haben, desto besser wird es auch um die Sache der Aufklärung, und der Menschheit stehen. Dann wird die große Absicht erfüllt, um welche Deklamationen, Unbestimmtheit der Begriffe, und schwankender Vorsaz den biedern und hoffenden Theil der Menschen so manchesmal täuschten.

IV. Die absolute Aufklärung bleibt der Verwaltung der thätigen Kraft in der Rüksicht vorbehalten, daß sie sich ihrer bedienen muß, die leidende zu ihrer Bestimmung und ihrem Glücke zu führen.

Es war gewiß kein verwerfliches Bild, wenn einige Schriftsteller die oberste Staatsgewalt mit einem weisen Vormunde verglichen, der mit pünktlicher Gewissenhaftigkeit und weiser Vorsicht seinem Pflegbefohlnen reicht, was sein Bedürfniß und seine Verhältnisse erfordern; denn diese müssen mit seinem Glücke stets in der besten Uebereinstimmung seyn, wenn sein Wohl ernstlich befördert werden soll. Auch sollte dies wohl das Ideal aller guten Regierungen seyn. Man hat es schon oft wiederholt, und gewiß mit Recht, daß vorzüglich Einwirkung von oben herab bessere Menschen machen wird: und es ist nicht zu glauben, daß es unter die schönen Träume gehöre, eine Nation, die ihr Bestes nur von der regierenden Gewalt erwartet, zu beglücken. Vorhandene Beispiele beweisen, daß es Wirklichkeit ist. Wenn schon Bewußtseyn einer einzigen wohlthätigen Handlung die Erinnerung eines ganzen Lebens mit der frohesten Empfindung begleitet, wie selig muß nicht der sich fühlen, aus dessen Händen das Glük ganzer Tausende hervorgieng! Wenn — wie es wohl wahr seyn mag — die Last der obersten Gewalt drückend ist, wie erleichternd muß nicht der Gedanke werden, daß jede überstandene Beschwerlichkeit nicht ohne glückliche Folgen für Hoffende blieb! Aufklärung ist das wesentlichste Mittel zum menschlichen Glücke. In ihrer zwekmäßigen und weisen Verwaltung besteht größtentheils jene so oft erwähnte Einwirkung von oben herab. Sie ist gleichsam ein Depot, welches die wohlthätige Weisheit der Vorsicht den Vätern des Staates anvertraute, um es nach dem Bedürfnisse der ihrer Sorge anvertrauten bürgerlichen Gesellschaft anzuwenden.

Absolute Aufklärung kann, ihrem ganzen Umfange nach, kein Eigenthum der leidenden Kraft im Staate seyn; es bleibt mithin nur die thätige zu ihrer Verwahrung und Ausspendung übrig — das ist — sie muß jeder Klasse der bürgerlichen Gesellschaft nach ihrem Bedürfnisse von dem Ganzen der allgemeinen Aufklärung mittheilen, den Zustand der wirklich vorhandenen relativen Aufklärung revidiren, und alles, was ihr an Vollständigkeit gebricht, ergänzen. Sie muß jenes eben so feine, als unentbehrliche Gefühl besitzen, welches zur genauen Beobachtung des moralischen Zustandes der Menge erfordert wird: Dies muß ihr anzeigen, wann die Masse der relativen Aufklärung eines Zusatzes fähig ist: die Nothwendigkeit dieses Zusatzes folgt der Empfänglichkeit desselben auf der Stelle, und eben hier darf die thätige Kraft, nie hinter dem Bedürfnisse ohne allgemeinen unerbezlichen Nachtheil zurükbleiben. Der Geist des Menschen reift. Es ist eher möglich, den Gang der Natur zu beschleunigen, als denselben aufzuhalten. Sie rächt sich immer an dem beschränkenden Zwange.

Die thätige Kraft im Staate erfüllt ihr wichtiges Amt durch Bildung der leidenden. Diese ist verschiedener Art. Denn die leidende Kraft begreift Erwachsene und Erwachsende; und beide bedürfen ihrer eigenen Bildung.

Für die erwachsende Klasse ist Erziehung — für die erwachsene sind Religion und Gesetze.

Die Wichtigkeit der Erziehung ist in unsern Tagen entschieden und anerkannt. Ihr Zwek ist zugleich die Bestimmung des Menschen — ihre Beschaffenheit der untrügliche Maasstab sittlicher und wissenschaftlicher Kultur — der Tugend und Thätigkeit des Zeitalters.

Bestimmung des Menschen muß also die Richtschnur des Erziehungssystems werden. Der Bürger ist Mensch, und war eher dieses, als jenes; wurde nur Bürger, um so sicherer und leichter dem Zwecke des Menschen zuzueilen. Hier liegt mithin die große Modifikation aller Staatsanstalten. Glükseligkeit durch Aufklärung — d. h. durch tugendhaften Gebrauch aller moralischen und physischen Kräfte in ihrem ganzen Umfange, wird also der große Gegenstand der Erziehung. Sie erreicht ihn, wenn sie jeder Klasse die relative Aufklärung ertheilt, welche ihre wirklichen Verhältnisse fordern, und zu ertragen fähig sind;

und wenn sie zugleich den Grund zu künftiger Erweiterung dieser Empfänglichkeit für eine größere Masse absoluter Aufklärung, legt. Sorge für das Bedürfniß des Zeitalters, und für die fernere, künftige Entwickelung des menschlichen Geistes sind demnach das Geschäft ächtphilantropischer Erziehung.

Daraus folgt, daß Aufklärung nicht blos sich leidend verhaltender Stof ist, welchen Erziehung oder Erzieher nach Willkühr und Absichten modeln dürfen. Dieses behaupten, hieße die von jeher verabscheuungswürdige, und nun allgemein verabscheute Tirannei über Geister und Ueberzeugung billigen, und Inquisitionsgerichten, und fürchterlichem Drucke jeder Art das Wort sprechen. So gemißbraucht würde Erziehung sich an der Würde des Menschen versündigen, und der wohlthätigen Weisheit ihres Urhebers zuwider wirken, indem sie die reichen Keime menschlicher Glükseligkeit nicht entwickelte, und zur Reife brächte, wozu ihre Bestimmung sie auffodert, sondern tödtete.

Selbstdenken im allgemeinsten Sinne ist das allgemeine Mittel, wodurch sie für Gegenwart und Zukunft sorgt. Die nähere Bestimmung dieses Sazzes liegt in der Folge.

Selbstdenken läßt sich auf alle Gegenstände anwenden: die richtige Sphäre desselben in jeder Klasse zu ziehen, ist der Erziehung Werk. Jede Menschenklasse hat einen dreifachen Gesichtspunkt. Der erste geht auf den allgemeinen Zwek der Menschheit, nach Vervollkommnung zu streben; — der zweite auf jenen des Staatsbürgers, durch Mitwirkung in der gesellschaftlichen Verbindung dieser allgemeinen Bestimmung nach Kräften zuzuarbeiten: der dritte, mit dem zweiten innig verbunden, auf redliche und thätige Ausfüllung des uns einmal in dieser Verbindung und dem großen Ganzen zu Theile gewordenen Standpunktes. Zu dieser dreifachen, die Sphäre des Selbstdenkens in jeder Klasse auszeichnenden Rüksicht kömmt noch der wirkliche Zustand einer jeden, weil dieser den Punkt, von welchem sie ausgeht, festsezt, und die Grade ihrer künftigen Entwiklung insgesammt von demselben abhängen. In der Anwendung dieser Normen nimmt er daher den ersten Plaz ein; dann folgt der gesellschaftliche Standpunkt, weil die mit demselben enge verflochtenen Verhältnisse auf die Bestimmung des moralischen Charakters einer jeden Klasse immer den wichtigsten und unaufhaltsamen Einfluß haben. Erst nach Vorausschickung dieser Betrachtungen kann die Anwendung der beiden übrigen Punkte richtig und fruchtbar werden, weil man außerdem Gefahr läuft, den reichhaltigsten Saamen auf undankbarem Boden zu vergeuden, oder mit der reinsten Absicht nichts, als Uebel zu stiften.

Dem Nährstande wird mithin von den eigentlichen Gegenständen der relativen Aufklärung, ein genauer und praktischer Unterricht in seinen Gewerben, und den damit verbundenen Instrumental- und Industrialkenntnissen — eine ihm warm ans Herz gelegte Standesmoral — eine von Vaterlandsliebe eingegebene, und wieder Vaterlandsliebe einflösende Kunde von seinem Lande, dessen Beschaffenheit, Verfassung und Geschichte zu Theile. Dann sezt absolute Aufklärung reine Begriffe von Gottheit und Gottesdienste, von dem Werthe, und den allgemeinen Wahrheiten der Religion, ihrer natürlichen und positiven Beschaffenheit nach — wohlverstandene und richtig geleitete Würdigung seiner selbst, des Menschen und Bürgers; gesunde Begriffe von Pflicht gegen Menschheit, Staat und Staatsgewalt, aber auch von den Rechten des Einzelnen gegen dieselben — deutliche Erklärung der Opfer, welche bürgerliche Gesellschaft fordert, und des von ihr dafür gewährten Ersatzes; der Nothwendigkeit bürgerlicher Unterordnung, und der wohlthätigen Folgen derselben auf den Wohlstand des Einzelnen; der gerechten Erwartungen dieses Einzelnen, und der edeln Art, ihrer Täuschung durch ruhigen Muth abzuhelfen. — Was vorausgeschikt werden, was folgen müsse, das lehret die einzelne Lage des Volkes, mit dem man sich beschäftigt. Im Allgemeinen aber scheint es nicht, daß man bei Erziehung dieser Klasse so systematisch zu Werke gehen könne oder dürfe, als bei Verfassung eines Lehrbuchs über irgend einen gelehrten Gegenstand. Auch wankt glüklicherweise zu unsern Zeiten das verjährte Vorurtheil, daß die gelehrte Sitte der ächte und einzige Maaßstab menschlicher Geistesthätigkeit sei. Trokne, systematische Behandlung ist eben nicht geschikt, Köpfe zu locken, welche des Denkens ungewöhnt, und zum abstrakten Denken nicht bestimmt sind. Eine solche Behandlung würde dem vorgesezten Zwecke, und dem einfachen Glücke dieser Klasse sehr nachtheilig werden. Auch ist sie eben so wenig dem Gedächtnisse derjenigen günstig, welche sich irgend einem wirklich oder in der Folge mechanischen Gegenstande widmen. Man muß den Geist des Menschen, der weder Geschäftsmann, noch Gelehrter werden soll, noch weit weniger in eine gewisse Form zwängen wollen, sondern ihm entgegen kommen, seinen nicht schwer zu entdeckenden Gang belauschen, und ihm die Erwerbung der nöthigen Kenntnisse möglichst erleichtern. Der wesentliche Unterschied scheint vorzüglich darinn zu liegen, daß der Mann, welcher wissenschaftlichen Kenntnissen sein ganzes Leben widmet, oder eigentlicher Gelehrter wird, in ihnen die Quelle seines künftigen oder wirklichen Unterhalts verehrt, oder schäzt, und die Gefährtinnen seiner ganzen Laufbahn liebt oder fürchtet, mithin aus dem vereinten Drange des Bedürfnisses, des Hanges, der Gewohnheit, und der Furcht vor Langerweile sich ernstlich mit ihnen beschäftigen muß, obwohl auch sogar in diesem Falle die Beispiele der Abneigung und Vernachläßigung nicht so ganz selten sind, und das Bedürfniß meistens das Beste bei der Sache thun muß. Jenem also, dem dieser vielfache Beweggrund, sich an schwere Gegenstände zu heften, und der dem sinnlichen Hange des Menschen eben nicht willkommnen Anstrengung manches harte Opfer zu bringen, gebricht, müssen diese Gegenstände durch die Methode vorzüglich angenehm gemacht werden, wenn zwekmäßiger Unterricht und Verbreitung relativer Aufklärung erreicht werden sollen; denn diese läßt sich dem menschlichen Geiste nicht durch die gewöhnlichen Mittel der Pedanterei aufzwingen. Den lebhaftesten Beweis hievon gab wohl die verkehrte Methode verfloßner Zeiten (welche jedoch noch nicht lange genug verflossen sind, um uns nicht durch sehr sichtbare Reste stets gegenwärtig zu bleiben) und ihr Resultat — unfruchtbare und bald verschwundene Bücherweisheit, dies Gegentheil ächter Aufklärung, und das sicherste Beförderungsmittel der Geistesschwäche.

Geht nun ferner die Erziehung auf jene Klassen über, welche als untergeordnete Staatsdiener, als schäzbare Mitarbeiter an dem Wohl des Ganzen, das Mittel zwischen der blos erwerbenden, und der blos verzehrenden Klasse halten: so bedarf sie wieder eigner Modifikation. — Hier muß absolute Aufklärung schon tiefer und systematischer zu Werke gehen. Bei der großen Klasse der Staatsbürger hatte sie vorzüglich darauf zu sehen, deutliche Begriffe der Hauptwahrheiten in jenem Lichte ihnen vorzustellen, welches mit dem Ganzen ihres Lebensplanes und ihrer übrigen Pflichten harmonirte. Nüzliche Existenz als thätige Staatsbürger ist der Hauptbeziehungspunkt in dem Plane ihrer Bildung. — Auch tritt dieser bei der gegenwärtigen Klasse wieder in seinem vollen Umfange ein: nur muß dieselbe das Innere des Staatssystems mehr überschauen, weil sie in das eigentliche Triebwerk derselben, ihrer besondern Bestimmung nach, verflochten ist; und das Verhältniß ihres Standpunktes zu solchem so deutlich vor Augen haben, daß sie die ihr billig so heilige! Pflicht ihres Amtes nie um eine einzige Handlung hintergehen kann, ohne von eigener innerer Ueberzeugung gefoltert zu werden. Der, leider! in dieser Klasse so gewöhnliche, und alle Moralität untergrabende Trost der Selbsttäuschung muß ihr ganz geraubt, und unmöglich gemacht werden. Es ist weniger daran gelegen, ob der zu Verwaltung des Rechts bestellte Beamte den Gang des Reichs — oder römischen Prozesses mehr oder minder genau kenne — aber durchdrungen muß er seyn von der Würde des reinen Richteramtes, von dem Werthe des schmeichelhaften Vertrauens seiner Brüder, in seine Hand ihre wichtigsten Angelegenheiten niederzulegen, und von der Schändlichkeit, dies zu täuschen, und durch Ungerechtigkeit das Edelste, was Vereinigung in bürgerliche Gesellschaften erzeugte, zu entweihen. Durchdrungen sei er von warmer Menschenliebe, reinem Eifer für die gute Sache, und unbeschränkter Selbstverläugnung, die friedlicher Beilegung des Streites seinen Ruhm oder Vortheil freudig aufopfert. Es sei ihm ein herzerschütterndes Gefühl, mit heiterm Bewußtseyn das stille Zeugniß sich selbst geben zu können, daß durch ihn die Bande der Natur gesichert, Familien vom Elende gerettet, Unschuld der Verfolgung und dem Laster entrissen wurde. Gerne rechne ich auch hieher den Sachwalter, denn er bekleidet ein Staatsamt, dessen edle und tugendhafte Verwaltung ihn eben so ehrwürdig macht, als strenge Gerechtigkeitsliebe den Richter. Diese Klasse von Staatsdienern hat ihrer Bestimmung zufolge die reizende Laufbahn vor sich, durch Thätigkeit und Kenntnisse den Ungelehrten, den anderwärts Beschäftigten, und den Leidenden jeder Art zu trösten und zu retten; und so die traurigen Folgen, welche Eigenthum, und dessen Ungleichheit für viele Individuen haben mußten, wieder nach Möglichkeit zu vergüten. Grader und gesunder Menschenverstand, reine Rechtskenntnisse — Menschenliebe und Entfernung von Ränkesucht — Uneigennützigkeit, gefühlvolles Herz, Redlichkeit und ernster Wille fürs Gute seyen des Sachwalters Ausstattung! Ohne dem Sinne der oft schwer genug auszulegenden Gesetze neuen Zwang anzulegen; ohne in gehäuften Autoritäten Beschönigung eingeschlichener, oder neu erfundener Rechtszweideutigkeiten zu suchen; ohne die Aufmerksamkeit des Richters durch schleppende Schreibart zu ermüden, durch einnehmende zu verführen, oder durch listige zu verwirren; ohne endlich unter der entlehnten Larve des Biedermannes Habsucht oder Ränke zu verbergen, sei allein die gerechte Sache sein Augenmerk. Wenn nicht theoretisch problematische Rechtsfragen, oder verwickelte Umstände die Entscheidung in seinen eigenen Augen zweifelhaft machen, da werde er nie die Stütze des ungerechten Theiles, sondern biete alle Kraft zur gütlichen Vermittlung auf. Nie übernehme er eine

Sache gegen seine innere Ueberzeugung. — Was durch diese Stimmung der Stand an Menge verlieren könnte, das würde er gewiß an Achtung und Nützlichkeit reichlich gewinnen. — Auch der Finanzbeamte opfere die Begierde, durch scheinbare Erhöhung der Einkünfte seines Herrn nach augenbliklichem, grundlosem Verdienste zu ringen, einem Herzen voll reiner Menschenliebe, Empfindung, und fester Grundsätze über Staatenursprung, Regentengewalt, Menschenrecht, Abgaben und Kammergut, auf. Diese bringe er mit in sein Amt; — er sei innig überzeugt, daß innerer Landeswohlstand die beste Kasse seines Herrn, und der Unterthanen Liebe ihre treueste Verwalterin sei; — er verbinde mit der edeln Kunst, durch weise Behandlung die schon vorhandenen Besitzungen zu erhalten, zu kultiviren, ihren intensiven Werth zu vermehren, und sie auf die höchstmögliche Stuffe der Ergiebigkeit zu versetzen, die unschäzbare Eigenschaft fester, unbestechlicher und thätiger Treue, deren Allgemeinheit alle Staatskassen gewiß um vieles bereichern muß. — Alle Landesräthe endlich gehören in diese Klasse. Ihnen malt sich die ehrenvolle Pflicht, die Gehilfen ihres Fürsten in dem großen Geschäfte des allgemeinen Besten zu seyn; in dem herrlichen Lichte, in welchem der nach Hilfe Ringende ihre Bestimmung so sehnsuchtsvoll und dankbar sieht. Unterstützung des Schwachen, Rettung des Wankenden, Vermehrung des Wohlstandes, Schätzung natürlicher Freiheit, ehrfurchtsvolle Achtung des Privateigenthums, Belohnung

lohnung des thätigen und industriösen Verdienstes, Aufmunterung der bürgerlichen Tugend, — Eifer für Menschen- und Staatswohl, reine Ergebenheit gegen den Fürsten und den Staat, Liebe für Vaterland, und gemeines Beste — dies sind die Züge, welche Erziehung in das Herz der hiezu Bestimmten pflanzen muß, wenn aufgeklärte Bildung ihnen zu Theile werden soll.

Offenbar ist auch bei dieser ganzen Klasse — mit Unrecht gewöhnlich die gelehrte genannt — die Hauptsache nicht gelehrte Erziehung, sondern daß sie von der absoluten Aufklärung, wie bereits vorhin erwähnt wurde, deutliche Uebersicht des Staatssystems, und des Verhältnisses ihrer Pflicht zu demselben, reine und ächte Religion, und warme Tugendliebe, mit der ausgebildetsten Moral erhalten müsse. Diese geht in die relative Aufklärung derselben über, welche ihr vorzüglich die Verfassung ihres Landes, und die Wissenschaften ihres Berufes in der bestbearbeiteten Form gewähren muß. Die Methode muß systematisch seyn — der Verstand an schärferes und praktisches Denken gewöhnt werden — der Wille reine Güte, und edle Festigkeit erhalten.

Wenn es nicht zu weit von dem hier vorgesezten Zwecke abführte: so möchte ich wohl etwas weitläuftiger über die schädliche, und daher traurige Nothwendigkeit sprechen können, in welche die wirklich allzu detaillirte Bearbeitung der Gelehrsamkeit jene versezt, die sich dem untergeordneten Staatsdienste wid-

D

men; über die Nothwendigkeit, so viel von einander wesentlich verschiedene, und auf ganz abgesonderte Zwecke sich beziehende Wissenschaften zu erlernen. Doch Erlernen würde wohl das passende Wort nicht seyn, da es eine moralische Unmöglichkeit enthielte. Eben diese Zerstreuung auf so viele ungleichartige Gegenstände bringt gründlichen Kenntnissen unausbleiblichen Schaden, und veranlaßt jene oberflächliche Vielwisserei, unter welcher das allgemeine Beste wesentlich leidet. Doch nöthigen Bedürfniß und Ungewißheit der Versorgung den sich bildenden Jüngling, diesen Weg zu gehen. So lange nicht hierauf thätige Rüksicht in der Dienstverfassung genommen wird, kann auch das Uebel nicht aufhören. Sollte es nicht eines Gegenmittels, und gänzlicher Abhilfe würdig seyn? Dieses dürfte sich vielleicht in der nicht beispiellosen, systematischen Abtheilung der Dienstlaufbahnen finden lassen. Wenn jedes Fach die der Thätigkeit des Menschen als Aufmunterung unentbehrliche Stuffenfolge von Aussichten zeigte, die Verdienst und Fleiß ersteigen könnten: so würde sich der nun muthlose, unbestimmte, und von Gegenstand zu Gegenstand in peinlicher Ungewißheit irrende Haufe bald nach Wahl und Hang trennen, und dann in jeder Sphäre gründliche und thätige Arbeiter erwarten lassen. Auch hätte dann der Staat das Recht, solche im Ernst zu fordern, da er sie jezt nur wünschen darf. — Möchte doch nie vergessen werden, daß die Menge nicht Genie ist, es nicht seyn kann und darf!

Endlich kömmt die Erziehung zu der verzehrenden oder genießenden Klasse. Ich glaube, bereits vorhin bemerkt zu haben, daß dieselbe aus mehrern Ständen zusammengesezt ist. Auch gehen immer neue Individuen aus den übrigen Klassen in solche über, und andere verlassen sie. Allein in Rüksicht ihrer gemeinschaftlichen Beschäftigung erfordern alle Glieder gleiche Behandlungsart.

Hier scheint alles darauf anzukommen, die Aufklärung zum wirksamen Gegengewichte der immer mächtigern Sinnlichkeit zu erheben. Worinn besteht die relative Aufklärung dieser Klasse, und welchen Einfluß muß die absolute darauf haben?

Das Berufsgeschäft derselben — wenn ich mich dieses Ausdruckes bedienen darf — ist Genuß. Dagegen ist nichts zu sagen; denn in der dermaligen Lage unserer bürgerlichen Gesellschaften muß der Genuß immer thätig bleiben, um das große Triebrad bürgerlicher Gewerbsamkeit, die sich auf so viele Gegenstände erstrekt, und der Arbeitsamkeit und Industrie Nahrung verschaft, im Gange zu erhalten. Der Genuß des Reichen ist also eine Art von indirekter Wohlthätigkeit, welche der Gesellschaft mehr frommt, als große Almosenstiftungen, die Wohlthaten ausspenden, ohne sie durch Anstrengung verdienen zu lassen. Die relative Aufklärung dieser Klasse muß mithin vordersamst auf zwekmäßige Leitung und Einrichtung des Genusses wirken. Erziehung lehre also den jungen Staatsbürger dieser Klasse die Kunst, edel zu genießen; sie lehre ihn guten Geschmak, damit er Künste und Wissenschaften zu schäzen wisse, und das ihm gewährte Vergnügen ihnen lohne; sie gewöhne ihn, reellere Freuden den bloßen Tändeleien der Eitelkeit, und dem betäubenden Rausche wilder Ergözlichkeiten vorzuziehen; sie hefte seine Empfindung an die einfachen, und doch so hohen Reize der Natur, und nähre seine Einbildungskraft mit Bildern aus dieser Urquelle der Schönheit. Dann gehe sie über auf sein Herz, fülle es mit Sehnsucht nach den Freuden der Wohlthätigkeit, der Freundschaft und der Thätigkeit für das Gute, und mache die Wonne ruhiger häuslicher Glükseligkeit über alles ihm werth. Er liebe das Vergnügen, aber er wisse es dem Nüzlichen unterzuordnen. Er liebe es, aber er werde möglichst unabhängig von demselben, und liebe noch weit inniger das Gute. Er lerne den Reiz der Beschäftigung und Thätigkeit kennen, und Ausschweifungen verachten, und meiden. Dann wird der ganz Reiche dieser Klasse mit seinem Ueberflusse große Unternehmungen unterstüzen, und seinen Genuß in das Bewußtseyn sezen, bleibende Spuren seines Daseyns zurükzulassen, die auch in spätern Zeiten Wohlstand und Glük für andere gewähren. Andere werden dem gemeinen Besten Kräfte widmen, die ausserdem dem Wohlleben, der Unthätigkeit, und den Ausschweifungen zu Theile geworden wären. Erziehung wird sie für die edle Vaterlandsliebe empfänglich machen, und welch weites und fruchtbares Feld eröfnet diese! —

So werden Hang zur Tugend, Kenntniſſe und Arbeit-
ſamkeit ihnen unerſchöpfliche Hilfsmittel gegen die
Langeweile, welche den ſtets blos ſinnlich Genieſſen-
den unaufhörlich verfolgt. Endlich lehre Erziehung
in dieſer Klaſſe, daß der Mann, welcher im Beſitze
der Mittel ſich befindet, nicht alles zu ſeinem Zwecke
machen darf; er werde äußerſt bedenklich in Anſehung
ſeiner Pflichten gegen andere, deren Verletzung er ſo
leicht ausgeſezt iſt.

So wären die Standespflichten, der einzige Ge-
genſtand ſeiner relativen Aufklärung, berichtigt. Die
abſolute muß ihn durch Erziehung mit lebhafter Ueberzeugung von den großen Wahrheiten der Religion und
des allgemeinen Menſchheitrechtes, von der Würde
des Menſchen, von der Gleichheit, welche die Natur
ſchuf, und die Geburt oder Reichthum ſeiner Erinnerung entziehen könnten, von den allgemeinen, ur-
ſprünglichen Verhältniſſen der bürgerlichen Geſell-
ſchaft — d. i. mit allen jenen Kenntniſſen bereichern,
die ſeinem Standpunkte ganz unentbehrlich ſind. Die
Methode ſei bei dieſer Klaſſe ganz analitiſch: Bildung
durch Erfahrung an der Hand des weiſern Mannes,
der ſie auf die wichtigen Abſtraktionen aufmerkſam
mache, und durch die Täuſchung der Außenſeite auf
die wahre Beſchaffenheit der Dinge ſie dringen lehre.
Der Verführung des Genuſſes kann durch eine ſolche
Methode allein wirkſam entgegengearbeitet werden;
denn Grundſätze der edelſten Art, welche der Zögling
ſynthetiſch erlernte, verſchwinden beim Locken der reiz-

zenden Gelegenheit, die ohne Erfahrung ihn überrascht. Eigener Nachtheil überzeugt ihn zuerst von ihrem Werthe, und oft muß selbst das Gefühl desselben vor der Gewohnheit des schädlichen Genusses verstummen. Führt aber der Erzieher den Jüngling in die Szenen des wirklichen Lebens, läßt er unter seiner Leitung ihn handeln, und durch jedesmalige Erfahrung die Aechtheit seines Unterrichtes erproben, dann wird Anhänglichkeit an die ihm eingepflanzten Grundsätze mit der geprüften Festigkeit in ihrer praktischen Beobachtung in gleichem Grade zunehmen, und ihm eigen werden.

Hat Erziehung dies alles gethan, dann scheint mir ein mächtiges Gegengewicht der Sinnlichkeit vorhanden. Dann wird die genießende Klasse den wohlthätigsten Einfluß auf das Ganze der Gesellschaft haben, und Eifersucht verdienen, wenn gleich der zufriedene Arbeiter sie nicht beneiden, sondern nur ihr danken wird. Denn eben jene durch Erziehung verbreitete zwekmäßige Aufklärung wird den großen Vortheil allgemeiner Zufriedenheit mit dem individuellen Standpunkte zur heilsamen Folge haben. Ein Gefühl, das in unsern vom Luxus und Habsucht angegriffenen, und von unbestimmten Begriffen, und unentschiedener Aufklärungssehnsucht moralisch verschobenen bürgerlichen Verfassungen für das Glük der Menschheit und der Bürger allzu selten wird.

So benuzt also die thätige Kraft im Staate die absolute Aufklärung zum Besten der erst erwachsenden Klasse der Gesellschaft durch Erziehung, und so vollendet würde diese gewiß die erste Wohlthäterin der Menschen seyn. Das entworfene Bild ist wohl noch zum Theile Ideal; allein die vielen glüklichen Bemühungen neuerer Zeiten zeugen von seiner Ausführbarkeit. Es wäre Undankbarkeit gegen so viele bisherige nüzliche Thätigkeit und große Verdienste, dies nicht zu erkennen; aber vielleicht eben so sehr kühne Selbsttäuschung, alles oder das Wichtigste schon durchgesezt zu glauben. Noch ist Erziehung zu sehr Unterricht — noch wird über dem wissenschaftlichen Theile derselben der moralische allzusehr vergessen. Oft wird auch die Maschine zu sehr Kunstwerk, um recht wirksam zu seyn. Unterricht ist gewiß, im Allgemeinen genommen, nur die minderwichtige — praktische Bildung des Geistes und Herzens für die wirklich bestehenden Verhältnisse der Welt der vorzügliche Theil derselben. Hiezu taugt Erfahrung am besten, verbunden mit der Anweisung, sie sogleich benützen, und anwenden zu lernen. Man sah in unsern Zeiten den bisherigen Irrthum ein; nur traf die neuerwekte Sorgfalt vielleicht öfters allzu ängstliche Mittel. Es gehört auch zur ächten Aufklärung, dem geraden Wege der Natur treu zu bleiben. Unter den vielen Bemerkungen, welche sich hier aufdringen, verdienen sicher jene vorzügliche Rüksicht, daß physische Stärke und Entwiklung der vielen Talente, welche die Natur auch hier in den Menschen legte; und Festigkeit und entschiedene Moralität des Geistes und Herzens so gewöhnlich einer oft nur fragmentarischen Gelehrsamkeit aufgeopfert werden. So erstirbt der fruchtbare Keim, den der Urheber alles dessen, was ist, in sein herrliches Geschöpf legte, unter dem Zwange einer unnatürlichen Verbildung.

Wenn ich nicht fürchten soll, mich allzuweit von dem Zwecke dieses Versuches zu verirren: so muß ich zu dem andern Theile des vorhin bestimmten Satzes zurükkehren: daß nemlich Religion und Gesetze jene Hilfsmittel seien, durch welche die obere Staatsgewalt die absolute Aufklärung zum Besten des schon erwachsenen Theiles der bürgerlichen Gesellschaft, und zu Ergänzung seiner relativen Aufklärung benutzen soll.

Selbst die durch die vorhin erwähnte Art von Erziehung gebildete Menge würde, eben weil sie Menge ist, wenigstens in den untern Klassen nicht ohne alle Unterstüzung ihren Weg fortwandeln können. Um so weniger ist die noch nicht gebildete Menge hiezu fähig. Es ist also ein Glük, daß zwei Mittel existiren, diesen Mangel soviel möglich zu ersetzen, und die einmal in Umlauf gebrachte Aufklärung rein und wirksam zu erhalten; und daß mit einem jeden derselben eine Klasse von Menschen sich beschäftigt, welche durch die thätige Kraft im Staate so ausgebildet werden können, daß diese des guten Erfolges ihrer Bemühungen versichert seyn darf. Ich meine Seelsorger und Landesbeamte. Unter jenen verstehe ich die würdigen, leider nicht jederzeit hinlänglich geschäzten, oft aber durch ihr eigenes Bewußtseyn hinreichend belohnten Männer, welche den reitzenden Bequemlichkeiten eines städtischen und vergnügenreichen Lebens, und dem Streben nach Reichthum und äußerem Glanze entsagen, um ganz dem Guten auf rauhem Pfade sich zu widmen — um mitten unter Leuten zu leben, deren Sinnes- und Handelsweise ganz von der ihrigen verschieden, und deren Berufsgeschäft ausschließend und hart genug ist, um dem Freunde höherer Kultur in Beförderung der leztern viele unangenehme Schwierigkeiten zu erwecken; — ich verstehe auch darunter jene ehrwürdigen Oberhirten, deren wohlthätige Bestimmung, Volkslehrer durch Wort und Beispiel zu seyn, sie stets mit neuer Kraft und verjüngter Thätigkeit versieht, Trost, Tugendgefühl und Lebensweisheit unter alle Klassen von Menschen auszuspenden — deren Beruf es ist, Glük der Menschheit durch jene sanften und heilsamen Mittel des überzeugenden Unterrichts, und salbungsvoller Beredsamkeit in seinen Grundfesten zu sichern. — Unter diesen verstehe ich weder Richter, noch Kameralisten, sondern eine Klasse von Staatsdienern, die in manchen Ländern existirt, und allen zu wünschen wäre; solche Beamten, deren Oberaufsicht, und steter Einwirkung alle übrigen subalternen Stellen ihres Bezirkes anvertraut, und deren unmittelbare Berufsgegenstände nur das Beste ihrer untergeordneten Gemeinden, und die Ausführung und praktische, prüfende Anwendung der Gesezgebung seien. Sie sind, wie der Seelsorger, ihrer Bestimmung gemäß, der Freund, Rathgeber und Vater ihres Sorgbefohlenen. Sie ersetzen in dem Staate die unmögliche Allgegenwart und Uebersicht des obersten Regenten; sie sollten seinen nächsten und wichtigsten Rath bilden.

Ohne diese beiden Klassen von Männern werden Religion und Geseygebung, troz ihres ganzen innern Werthes, weit hinter den von ihnen gehoften Vortheilen zurükbleiben. Man könnte sich in eben so rührenden, als wahren Deklamationen über die Vortreflichkeit dieser Gegenstände erschöpfen, aus der Analise ihrer Wesenheit überzeugend ihre Wirksamkeit darthun, und sich dennoch trügen. Die sinnliche Menge bedarf Führer; auch die beste Erziehung wird in Rüksicht vieler ihrer Folgen immer sehr Ideal bleiben, ohne diese stets zur Seite wandelnden Stützen, die ein doppeltes, so wichtiges Interesse, und die Ueberzeugung, daß ihre Theilnehmung von dem wirksamsten Erfolge begleitet ist, so nahe an das Herz, und die liebste Hofnung der nach Vertraulichkeit und Hilfe sich sehnenden Menschen knüpft. Man befrage auch hierüber die oft leidige Erfahrung; und man wird in dem Widerstande, welchen unwürdige Besitzer dieser dem allgemeinen Besten heiligen Stellen, den heilsamsten Anstalten zur Aufklärung und Veredlung des Volkes zu thun sich erkühnen, die Bestätigung dieser Wahrheit finden. Die Menge ist sinnlich — mithin schwach. Wie wichtig ist es demnach nicht dem Staate, diese einmal vorhandene Schwäche vor nachtheiligem Einflusse zu sichern, zu ihrem eignen Besten zu führen, und die Einwirkung auf dieselbe redlichen, aufgeklärten und thätigen Arbeitern für die gute Sache zu verschaffen!

Leider sind beide Klassen dieser Volkslehrer und Räthe noch nicht immer nach Wunsche beschaffen. Um so lebhafter fordert dieser Umstand die obere Staatsgewalt zur Verbesserung dieses wesentlichen, und so äußerst bedenklichen Mangels auf. Bildung der Geistlichkeit und Landespfleger (dieser Amtsname däucht mir der passendste) ist also das wichtige Hilfsmittel zur Verbreitung und Erhaltung zwekmäßiger Aufklärung. Reine ächte Religion, und Landes- und Zeitbedürfnissen angemessene Gesezgebung würden alsdann jene Früchte bringen, die man billig von ihrer Anwendung, aber nur zu ungerecht oft von ihrem bloßen theoretischen Daseyn erwartet.

Wie wird ihre Anwendung durch beide Mittelspersonen wirken?

Religion wird des Menschen Herz bessern, und jene beiden Empfindungen, welche durch sie im rohen Zustande am lebhaftesten interessirt werden: Hoffnung und Furcht, veredeln, wenn die Vorstellungsweise des klugen Volkslehrers aus dem tröstlichsten Systeme religiöser Wahrheiten Beruhigung und Aufmunterung für den Menschen zu schöpfen versteht; — wenn dieser nicht mehr vor einem stets erzürnten und dräuenden Richter bebt, den er nur durch Wehklage, dumpfes Trauren und Selbstquaal zu besänftigen wähnt, und selbst dann noch nicht mit Gewißheit besänftiget glaubt; — wenn er in dem ewigen Wesen seinen Vater, Urheber und Wohlthäter kennt und liebt, und durch die Liebe zu ihm und seinem Geseze Gutes thut, und Böses unterläßt; — wenn ihn die Hoffnung beseeligt, einst den süßen Lohn tugendhafter Handlungen zu empfangen, und seiner Endlichkeit ohnerachtet vor dem Unendlichen zu bestehn, wenn nur Absicht und Ueberzeugung rein in seiner Seele waren. Religion wird sein Herz bessern, und seine Aufklärung vervollkommnen, wenn er gelehrt wird, in jedem Winke und Wirken der Natur — in jedem Verhältnisse des Schiksals — den wohlthätigen Urheber, und dessen wohlthätige Absichten zu erkennen und zu erfüllen: — wenn er warm überzeugt wird, daß Thätigkeit für seine Pflicht und für seine Brüder das unverkennliche und unvergängliche Gebot — die Bedingung seines jezigen und künftigen Glückes ist. Wenn ein eitler Wahn den kriegerischen Deutschen der alten Vorzeit in den unvermeidlichen Tod stürzen konnte, weil er seiner unmittelbaren Belohnung im Genusse der höchsten und unaufhörlichen Freude versichert war — wenn wirklich noch Mahomeds Lehre ganze Schaaren mit der hartnäckigsten Kühnheit in gleiche Gefahren treibt — (so mächtig wirkt auf den Menschen sein höchstes Interesse!) sollte da wohl eine auf Liebe und sanfte Empfindungen der Natur gegründete Religion ihres Zweckes verfehlen? Hier liegt wirklich der Fehler wieder allein in der Anwendung, die wohl allzu oft vom Wesentlichen ab, zum minder nahe liegenden, oder Unbedeutenden sich verlohr. Und eben hier bezeichnet sich die Sphäre des würdigen Seelsorgers, der den moralischen Theil seiner Amtsgeschäfte nicht dem Mechanischen, oder unnützen Subtilitäten unterordnet. Auf diesen Gesichtspunkt wende sich sein ganzes Bestreben, wenn er die menschliche Sinnlichkeit, besonders der noch minder gebildeten Klassen, die so gerne sich mit Nebendingen beschäftigt, und so von mühsamern Verrichtungen, von härtern Opfern und Selbstentsagungen sich loskaufen möchte, zum wahren Besten leiten, Aufklärung befördern und erhalten, und die ächte Ehre des lohnenden Bewußtseyns verdienen will.

Auf gleiche Art muß Gesezgebung durch ihre vorhin erwähnten Mittelspersonen moralische Triebfeder in dem Menschen werden. Es ist eine alte und wahre Bemerkung, daß die Unwirksamkeit oft vortreflicher Gesetze entweder von ihrer Beziehung auf ein gar nicht, oder doch nicht in dem geglaubten Verhältnisse existirendes Bedürfniß, oder daher kömmt, daß ihr Sinn nicht gefaßt wird. Sie können ganz natürlich alsdann nur theoretisch gut genannt werden, weil jede Sache, deren eigentliche Bestimmung praktische Anwendung ist, auch nur von dieser ihren Werth erhält. Ein wechselseitiger Dollmetscher (wenn ich mich dieses Ausdruckes bedienen darf) scheint daher der thätigen und leidenden Kraft im Staate zu ihrem und des Ganzen Besten (die Verfassung sey, welche sie wolle) gleich unentbehrlich. Der Landespfleger — Freund seines Amtsbezirkes, genauer Kenner aller seiner Verhältnisse und Bedürfnisse, wird der treue und sichere Lootsmann der Gesezgebungstheorie in Rüksicht ihrer Anwendung auf gegebene Umstände. Auf der andern Seite, vertraut mit dem Sinne der nun entstandenen Geseze, und allein fähig, die, oft von erst in der Folge eintretenden, Umständen veranlaßte Nothwendigkeit ihrer fernern Modifikationen zu erkennen, zu prüfen und zu entscheiden, versinnlicht er dem Bürger die Absicht gesezlicher Verordnungen, führt ihn in dem Detail seiner Lage auf die Veranlassung und das Bedürfniß derselben, und zeigt ihm die Möglichkeit der Ausführung (ein besonders bei Veränderungen in dem Geiste der Menge entscheidender Grund); den Vortheil der Befolgung, den Nachtheil jeder Vernachläßigung. Er weiß die Strenge allgemeiner Regeln durch Güte in ihrer Vollziehung, und durch klugmildernde Ausnahmen, ihres Ernstes und Ansehens unbeschadet, zu erleichtern. Er besizt der Seinigen Liebe, und trägt die Wirkung dieser zur Nachgiebigkeit stimmenden Empfindung auf das Staatsverhältniß zur politischthätigen Kraft über; da subjektive Gründe bei der sinnlichern Menge die einzigkräftigsten sind. Er verhindert Unbilligkeit und Härte auf der einen — Ungehorsam und Steifsinn auf der andern Seite, Mißverständniß auf beiden: — seine weise Vermittlung erzeugt gegenseitiges Zutrauen, wechselseitige Zuneigung. Unter seinem Einflusse gedeihen bürgerliche Freiheit und Gewerbsamkeit mit lohnendem Wohlstande; — denn gleichsam im Familienverhältnisse mit seinen Untergebenen, weis er vieles zu bewirken, was die gesezliche Verordnung auszurichten unfähig seyn muß; — manches zu Stande zu bringen, was unter dem rauhern Einflusse der obersten Autorität verwelken muß. Furcht und Hoffnung — dieser Urgrund der Einwirkung der beide so sehr interessirenden Geseze — werden gegen Liebe des Regenten, des Vaterlandes, aus dem Gefühle eigener, von jeher genossener glüklicher Existenz vertauscht, und über der mittelbaren Ursache vergessen. Das Herz des Menschen ist jeder Leitung — der besten wie der schlimmsten — fähig, sobald es einmal gewonnen ist; und dazu giebt es der Mittel so viele. Nur sorge der Staat immer dafür, daß auch Bildung und Leitung des Verstandes in guten und sichern Händen bleibe, weil die gutfühlende Menge so leicht die Beute des Eindruckes, und noch mehr des listigen Betruges wird, der sich dann bald den Weg zum Willen bahnt, und tyrannisch gebeut, und abscheulich handelt.

Auf diese Weise gehen Religion und Gesezgebung Hand in Hand zum Besten der Menschheit, und machen mit der Erziehung ein großes Ganzes von Mitteln zu Ausbildung — Ausbreitung — und Erhaltung der áchten Aufklärung. Dieser Zwek, und diese Mittel sind denn wahrlich dazu gemacht, auch dem entferntesten Theilnehmer Wärme und thätigen Eifer in hohem Grade einzuflößen. Seine Kräfte können eher erschöpft seyn, als dieser: aber dann bleibt doch immer noch sein Beispiel, diese mächtige Empfehlung des Guten, so wie des Bösen, unter den Menschen.

———————

Bei dem Rükblicke auf die bisherigen Betrachtungen ergeben sich vorzüglich folgende Resultate:

Aufklärung überhaupt ist das Eigenthum des allgemeinen Besten, oder seines Subjekts, der bürgerlichen Gesellschaft. An sich genommen, haben mithin alle Glieder derselben ein gleiches — niemand ein ausschließendes Recht auf dieselbe.

Allein die leidende politische Kraft, im Allgemeinen genommen, ist — wenigstens noch nicht — der ganzen Masse absoluter Aufklärung fähig; ohne daher ihr Recht auf dieselbe zu verlieren, leidet das Recht in Ansehung der Anwendung einige Beschränkung: oder — es geht nun auf die Errichtung jener Anstalten, welche jene Fähigkeit ausbilden, und vervollkommnen sollen.

Diese Einschränkung beruht in der Verwaltung der absoluten Aufklärung — (wenn ich so sagen darf) durch die politischthätige Kraft, welche vermöge der Wesenheit der bürgerlichen Verbindung alles, was auf das Wohl des Ganzen sich bezieht, anordnen und verwahren soll.

Die thätige Kraft im Staate hat also das Recht, und zugleich die heilige Pflicht, die relative Aufklärung der leidenden Kraft zu vervollkommnen, und die absolute nach Lage, Verhältniß und Bedürfniß der verschiedenen Abstuffungen derselben ihr mitzutheilen.

Hierzu bedient sie sich der drei großen Mittel: Erziehung — Religion — Gesezgebung. Erzieher — Seelsorger — Landespfleger sind daher jene Klassen der Staatsdiener und der Gesellschaft, welchen Perzeption aller Wahrheiten der absoluten Aufklärung in unmodifizirter Gestalt Bedürfniß und Pflicht ist, um zum allgemeinen Besten Amtsgebrauch davon zu machen.

Alles reducirt sich daher endlich auf die große Wahrheit: die thätige Kraft im Staate ordne nach strenger Gerechtigkeit an, verwalte das ihr Anvertraute mit pünktlicher Genauigkeit, und bilde die Menschheit ihres Bezirkes — d. i. sie regiere und unterweise. — Die leidende Kraft gehorche, und bilde sich zwekmäßig aus. Verhältniß des Vaters zum Kinde — Verhältniß der Natur, die im Kleinen lehrt, was im Großen seyn kann — die jeder Familie ihr Haupt giebt, das für die übrigen sorge, und sie zu brauchbaren und glüklichen Theilen des Ganzen bilde — und welche die Einzelnen zur Folgsamkeit und benüzenden Anwendung des empfangenen Unterrichts auffordert.

Dies ist mithin das ächte Verhältniß der thätigen und leidenden Kraft im Staate zur Aufklärung.

Vielleicht bedürfen nun manche Einwürfe einiger Erwägung: die an das Resultat unserer Untersuchung sich anschließenden Folgesätze werden bei ihrer Erörterung auch auf jene Licht verbreiten.

I. Aufklärung besteht mit vorhandener Verfassung, und befestigt solche vielmehr, statt sie gewaltsam zu erschüttern.

Denn ächte Aufklärung belehrt, nach der gleich anfänglich vorausgesezten Erklärung, den Menschen und Bürger über seine wahren Verhältnisse in dieser doppelten Rüksicht. Er fühlt die großen Vortheile der gesellschaftlichen Verbindung, und überzeugt sich zugleich von der unvermeidlichen Nothwendigkeit so mancher davon abhängender Opfer. Er weiß, daß der Mensch im gesellschaftlichen Zustande seine leidenden Verhältnisse hat, und beugt sich unter dieselben, durchdrungen von der Wahrheit, daß er bestimmt ist, sein Glük im allgemeinen Glücke zu finden, und beseeligt von der Ueberzeugung, daß Entsagungen der Art schon durch das hohe Gefühl innerer Zufriedenheit und Geistesstärke unersezlich sich lohnen. Hat seine Verfassung Mängel (und welcher politische Schwärmer vermag eine mangellose aufzustellen?): so fühlt er sehr wohl aus Erfahrungen jeder Art die

Unmöglichkeit eines unvermischten Guten. Er dankt der Vorsehung für den wirklichen Besiz, und zertrümmert nicht das Werk langer Mühe um einiger selbst bedeutenden Flecken willen. Er weiß, daß der Umsturz einer Verfassung von zahllosem Wehe für die Menschheit begleitet, und der Ausgang so unsicher sei. Der wahrhaft aufgeklärte Bürger liebt seinen Staat mit seinen Mängeln, so wie das liebende Kind die Schwachheiten des Vaters nicht sieht: er arbeitet ruhig auf seinem Standpunkte zum allgemeinen Wohle, und verabscheuet alle politische Selbsthilfe. Sind aber wirklich nachtheilige Gebrechen vorhanden, fordert der Ruf seiner Pflicht, und der Menschheit ihn zur Abhilfe auf, so unterscheidet er Freiheitsgefühl, und edle Empfindung seiner Selbstständigkeit von wildem Taumel und zügelloser Raserei — Festigkeit und Ernst in anständiger Vorstellung von Schwärmerei — Bitte von Stürmen — Veranlassung von eignem Vorschritte. Er zerreißt nicht die billig sanzirten Bande, wohl überzeugt, daß sie nur um so schwerer wieder zu knüpfen seien, und doch geknüpft werden müssen, wenn Wohl des Einzelnen und des Ganzen, wenn ein politisches Ganzes bestehen soll. Auf diese Weise wirkt Aufklärung im Stillen und ruhig, aber um so heilsamer. — Denn selbst in dem möglichen, oft wirklichen Falle, daß die thätige Kraft im Staate minder lebhaft zum Besten desselben handelte, und Verhältnisse bestehen ließ, deren Aufhebung Bedürfniß wäre, wird die still in Geist und

E 2

Herz der Menge wirkende Aufklärung ihrem Zwecke zuarbeiten, das gewünschte Resultat hervorbringen, und gleichsam mit sanfter Gewalt den Widerstand besiegen, so daß die Schatten entweichen, und Helle unaufhaltsam hereinbricht. Die Opinion ist die mächtige Beherrscherin der moralischen Welt, und ist diese einmal gewonnen, so gilt kein Widerstreben. Bald fühlt man das Bedürfniß, und dies allgemeine Gefühl erzeugt Abhilfe. So gefährlich Opinion in mancher Betrachtung der öffentlichen und Privatruhe ist, wenn Schwärmerei und Leidenschaften sie bilden und führen, so sehr wird sie durch den Einfluß der Aufklärung die Arznei der Staaten, so wie der Einzelnen. Von Schwärmerei angestekt, mordete sie Tausende durch das Gesez auf dem Scheiterhaufen, da sie hingegen, durch Aufklärung beseelt und geläutert, mittels jener Schmach, die sie auf Verletzung weiblicher Tugend und Ehre legt, der Gesellschaft den wesentlichsten Dienst zu Erhaltung reinerer Sittlichkeit leistet. Sie pflanzte den Schandflek des entehrenden Verbrechens auf unschuldige, redliche und verdienstvolle Verwandte fort, solange Vorurtheil ihren Ton stimmte; aber durch Aufklärung geläutert, läßt sie den Schuldigen selbst durch lange Uebung der Tugend, und reuigen Selbstzwang die verlohrne Achtung wieder erringen. Opinion ist die Eigenheit der sinnlichen Menge: Aufklärung macht sie zur treflichsten moralischen und politischen Triebfeder.

II. Wenn Aufklärung zunächst der Obsorge der thätigen Kraft im Staate vertraut ist, so folgt daraus nicht politischer — noch Geistes-despotismus.

Nach den hier angenommenen Grundsätzen, versteht sich. Es ist wohl eine natürliche Folge aus allen vorhergegangenen Betrachtungen, daß Pflicht und Recht zu gleichen Theilen zwischen beiden politischen Kräften getheilt sind. Beide sind Modifikationen der Naturkraft, und Mittel zu dem gesellschaftlichen Zwecke. Nur dieser ist der rechtliche Grund jener Abtheilung. Es wäre also Thorheit, das Mittel zum Zwecke machen zu wollen; und doch geschieht dies, wenn die thätige Kraft im Staate (in welchen Händen sie immer sei) sich zur Despotinn aufwirst. Wenn mithin in der bis hieher vorgetragenen Theorie von ächter und zwekmäßiger Verwaltung der Aufklärung, dieses Eigenthums des allgemeinen Besten, die Rede war, so läßt sich auch gegen dieselbe kein Einwurf dieser Art machen. Noch weniger kann dies in Ansehung der Geistestyrannei geschehen, weil Aufklärung, so angewendet, ihr gerade entgegen wirkt, indem sie jedes Individuum von seinen wahren Verhältnissen belehrt, da hingegen Geistestyrannei nur einen, und zwar ihren Maasstab für alle aufstellt, und ihre (wahre oder angebliche) Ueberzeugung allen aufzudringen strebt. Es giebt nur eine Wahrheit; sie ist der Stoff. Ueberzeugung ist die Form, welche ihren Ursprung in der von so mannichfaltigen, und so weniger Berechnung fähigen Ursachen modifizirter Vorstellungsart hat. Der Denker findet sie — die Menge lernt sie; allein gebieten läßt sie sich nicht.

Wider diese sichere und alte Wahrheit wurde zwar häufig und traurig verstoßen; allein der Erfolg war immer der Natur des Menschen und der Dinge gemäß. In der mit so vielem Unrechte angeklagten Aufklärung liegt also das Gegenmittel des politischen und moralischen Druckes, nicht aber seine Beförderung.

III. Und eben so wenig der verderbliche Grundsaz absichtlicher Täuschung.

Der Unterschied zwischen zwekmäßiger Darstellung, und zwischen Vorstellung der Wahrheit war nicht immer rein genug bestimmt; aber auch in der politischen Rüksicht scheint eine sehr ächte Regel der Moral ihre volle Anwendung erhalten zu müssen. Das Recht, die Wahrheit nicht zu sagen, oder ihrer Darstellung die von den Umständen erforderte Form zu geben, verhält sich zu der Pflicht, nie durch wissentliche Unwahrheit zu täuschen, eben so, wie modifizirte Anwendung der Aufklärung in einem Staate zu absichtlicher Täuschung der Menge. Diese ist zum Genuße der Wahrheit berechtigt; aber sie muß sie in relativem Unterrichte empfangen. Die thätige Kraft im Staate soll sie nicht hintergehen; allein sie darf nach den Umständen, und allen übrigen das Bedürfniß bestimmenden Verhältnissen die Erfüllung des Bedürfnisses selbst abmessen. Sie darf es nicht nur, sondern es ist ihr Pflicht, weil das ihr anvertraute Wohl des Ganzen hierauf, und auf ihrer weisen Mäßigung beruht. Täuschung kömmt nur der Bosheit oder Beschränktheit zu Gute. Der redliche und patriotische Staatsmann stimmt sich zu seinen Pflegbefohlenen herab, wie zu den Kindern der Vater; aber er trügt sie nicht. Bosheit täuscht, weil sie keine Staatsbürger, sondern Sklaven will: Beschränktheit fühlt ihr Unvermögen, das schwer zu lenkende Ruder schwanket in ihren bebenden Händen, und sie nimmt ihre Zuflucht zu den ihr entsprechenden kleinen Mitteln. Kluge Redlichkeit hat nur die Bestimmung des civilisirten Menschen, die Absicht der gesellschaftlichen Verbindung, und die Wahrheit vor Augen: so findet sie leicht den Weg ihrer Pflicht, und raubt nicht der Menschheit den Ersaz ihrer, der Gesellschaft gebrachten Opfer. Täuschung schwindet früher oder später — der entdekte Betrug flößt dann dem Hintergangenen schwer zu versöhnende Rachsucht ein; die Macht ist in seinen Händen, sobald er will, und das Bewußtseyn hat ihn verlassen; die Leidenschaft gebietet, und die Strafe der List trift den Urheber, Untergang den Staat, Jammer das Wohl des Ganzen und der Einzelnen. Die Folgen zwekmäßiger Aufklärung sind bereits vorhin geschildert, und bilden ein ganz verschiedenes Gemälde. — Genug hievon, um Mißverstand zu verhüten, wenn man sich der obigen Entwiklung der ersten, und bei dieser Untersuchung zu Grunde gelegten Begriffe erinnert.

IV. Die leidende Kraft im Staate wird also nicht zu steter Unmündigkeit verdammt:

Wenn sie den Standpunkt erhält, den ihr Natur der Sache, und ihre eigene Beschaffenheit anweisen. Dies war von jeher ein weites Feld zu Deklamationen und politischen Jeremiaden; aber nirgends scheinen Gründe und reifes Raisonnement nöthiger, als bei Gegenständen dieser Wichtigkeit, wo unbestimmte Ideen und schwärmerischer Ausdruk, des Uebels so viel schon stifteten, und immer mehr stiften können.

V. Und es ist kein Eingriff in die ursprünglichen, angebohrnen Rechte der Menschheit, das Verhältniß der beiden Kräfte im Staate gegen die Aufklärung auf die hier entwickelte Weise festzusetzen.

Man hat, seit einiger Zeit von Urrechten der Menschheit, und von Beleidigung menschlicher Würde so vieles mit Wahrheit zu sagen angefangen, und mit schwärmerischer Uebertreibung zu sagen fortgefahren, daß es ein leicht möglicher Fall ist, bei irgend einer Einwendung, der guten Sache minder ergeben zu scheinen; gleichwie bei unsern Nachbarn das Verbrechen der beleidigten Nation jezt so leicht manchem angeschuldigt wird, der unter andern Umständen bedächtlich zurükhaltend, und vorsichtig prüfend genannt worden wäre. Es verhalte sich mit dieser Ueberspannung, wie es wolle, so bleibt es dennoch immer Pflicht des Staats- und Weltbürgers, der es mit der guten Sache, und seinen Brüdern wahrhaft redlich meint, die ungefärbte Wahrheit nicht zu bergen, wenn von ihr die Rede entsteht. Man tadelt bitter, und gerecht die Schmeichelei, welche der Größe und Macht unverdienten Weihrauch opfert, und sie über ihr ächtes Interesse verblendet; allein warum soll Schmeichelei gegen die Menge mit dem ehrenvollen Namen der Vertheidigung längst verkannter, doch unverjährbarer Rechte geschmükt werden? warum soll man Demagogen vergöttern, indessen man über die Freunde des Despotismus schmäht? — Eine Erscheinung, welche die Schwäche der Menge beweiset, und nur alsdann dauerndes Erstaunen erregen wird, wenn man vergessen sollte, daß der menschliche Geist, im Ganzen genommen, noch nie fest und aufgeklärt genug war, um der goldenen Mittelstraße zwischen wechselweise vorgezogenen und verhaßten Extremen treu zu bleiben. Es ist daher möglich, mit dem redlichsten Eifer für Wahrheit verkannt zu werden; allein ächter Hang für das Gute ist immer mit dem Muthe, eigene Vortheile demselben aufzuopfern, und mit der süßen Selbstberuhigung, dem Maaße seiner Kräfte entsprochen zu haben, allzusehr verschwistert, um nicht sogar den Schein des Gegentheils mit ruhiger Fassung zu erdulden.

Ich glaube daher auch den Saz behaupten zu dürfen, daß die Beschränkung in Anwendung der Aufklärung so wenig ein Vergehen gegen das Beste der Menschheit ist, daß sie vielmehr ein ausgezeichnetes Verdienst um dasselbe wird. Sie darf nur nicht aus dem Standpunkte des — vielleicht gutmüthigen — immer aber äußerst gefährlichen Schwärmers beurtheilt werden, der gern alle Menschen auf einmal in Engel umschaffen, und an ihrer Spitze ein Reich voll paradisischer Wonne stiften möchte.

Daß doch nie auch jene so unendlich wichtige und doch stets so sehr vernachläßigte Wahrheit vergessen würde: Jeder bleibe seinem Standpunkte treu! und thue das, was er soll und vermag! — Nur dann wird bürgerliche Gesellschaft und Menschheit blühend und glüklich seyn, wenn jedes Individuum, in seine ihm eigenthümlichen Verhältnisse sich beschränkend, mit ungetheilter warmer und sehnsuchtsfreier Thätigkeit den aus ihnen herfließenden Pflichten sich weiht; — seine unter Weltbürgerschaft und Geistesdrang sich verlarvende Eitelkeit der ruhigen, im Stillen wirkenden bürgerlichen Tugend und Vaterlandsliebe aufopfert — und den leeren Wort- und Ideentand mit den reinen, einfachen und wohlthätigen Grundsätzen ächter praktischer Lebensweisheit und Menschenliebe vertauscht. Dann würde jeder ganz seyn, was er seyn kann, und wir hätten nicht so viele Bruchstücke unbrauchbarer, oder wohl gar schädlicher Genien (So sonderbar immer der Ausdruk lauten mag, so wahr ist dennoch die Sache). Dann würde man nicht so viel von mißlungenen Planen verstekter Ruhmsucht und kleinlicher Größe — von thörichten Anmassungen halbgefaßter, übelverstandener, oder selbst erfundener Weisheit hören. Dann würden Zufriedenheit und Genügsamkeit (denn leider ist auch moralische Genügsamkeit nur zu selten) und mit beiden bescheidenes Privatglük in den Familien aller Klassen einkehren, und bald einheimisch werden. Und nichts fehlt wohl dann mehr dem Glücke des Ganzen, wenn so die Stimmung der Einzelnen, und die Mitwirkung der politischen Direktion zusammentreffen.

Dies ist der große Gesichtspunkt jedes guten Staatsbürgers, auf dessen Erreichung er mit Anstrengung aller Kraft, und mit Aufgebung aller andern Ansprüche arbeiten sollte. Der Mensch muß stets sich selbst so nehmen, wie die Natur ihn giebt. Weh ihm, wenn er sich ein Wesen wähnt, das für die Pflichten seiner alltäglichen Verhältnisse zu edel, oder zu erhaben sei. Er verfehlt seine Bestimmung. Diese sogenannte Aufklärung, welche alles, was der Menschheit heilig seyn sollte, nach den Absichten ihrer Verfechter mißbraucht, ist zum Dekmantel anderer Leidenschaften, und vor sich selbst eröthender Trägheit geworden. Es war eine Zeit, wo alles von Empfindung sprach, und wahre Empfindung um so seltner war; denn Tändeleien entrükten dem Blicke das wahrhaft Gute und Große. So auch hier.

Diese politische — gemeinschädliche Schwärmerei mußte aber entstehen, wenn die an sich schäzbaren Wahrheiten eines allgemeinen Staatsrechtes, das nur in der Abstraktion als berichtigende Norm der wirklichen Verfassungen — als Ideal zur möglichsten Nachahmung, nie aber ganz in der pünktlichsten Anwendung existiren kann, der unvorbereiteten Menge Preis gegeben, überspannt und gemißbraucht werden. Mit dem wahren Besten bürgerlicher Gesellschaft verträgt sich dieses, den vorausgeschikten Grundsäzen, und dem Zeugnisse der Erfahrung zufolge, gewiß nicht.

Wenn nach dem Inhalte der oben entworfenen Schilderung die von kluger Hand geleiteten Aufklärungsanstalten im Staate, jene Wahrheiten ordnen, und in ihrer Anwendung modifiziren, dann sind sie nüzlich und fruchtbar, und erreichen ihre Bestimmung. Wer aber dies Eingriff in die Rechte der Menschheit zu nennen vermag, der unterscheidet wohl schwerlich Gebrauch von Mißbrauch. Das Recht der Menschheit ist zu heilig, um leztern zu beschönigen.

VI. Vielmehr gründet dies so bestimmte Verhältniß das wahre moralische Glük aller Klassen um so mehr, da es die Idee von Glük heilsam berichtigt.

Das stille Bewußtseyn, seine Pflicht in jeder Rüksicht, und unter allen Umständen erfüllt zu haben, gewährt das reine, über jede Prüfung des Schiksals erhabene Glük; und hierin liegt die Wahrheit jenes oft ohne deutliches Bewußtseyn wiederholten Satzes: Tugend lohnt sich selbst. Wahre Aufklärung allein kann dies Glük hervorbringen; denn da sie, dem bereits Vorausgeschikten zufolge, jedem Einzelnen die deutliche Einsicht seiner Verhältnisse verschaft, und ihn lehrt, mit deren Kultur allein, und thätig sich zu beschäftigen, so führt sie ihn in seine ihm eigenthümliche Sphäre, worin er nun bald gerne verweilt. Er gewinnt seine Pflichten und ihre Erfüllung lieb, und ist — mithin glüklich. Unzufriedenheit mit unserm Schiksale allein ist die Hauptquelle alles jetzigen moralischen Unglückes: sie schlägt um so schwerer zu heilende Wunden, je weniger in der gegenwärtigen Lage der moralischen Welt ihr nach ihrem Wunsche abzuhelfen ist; denn die Ungleichheit des Vermögens und der Stände — der Hang des Menschen zur Sinnlichkeit, welcher, wiewohl in verfeinerter Art seiner Befriedigung, noch immer zunimmt; und die überwiegende Lebhaftigkeit seiner Einbildungskraft sind die veranlassenden Ursachen derselben. Allein diese so oft debattirte Ungleichheit ist die nothwendige Folge unserer Kultur und unsers Luxus, dieser beiden eng verschwisterten Gefährten. Man mußte daher ihre gänzliche Wegräumung aufgeben; das Problem beruhte nur noch auf der Art ihrer Vergütung. Man bemühte sich nemlich, ein Auskunftsmittel zu finden, durch welches man den minder Begüterten den Mangel jenes vielfachen Genusses der

Reichern ersetzen, und so zur Zufriedenheit sie zurük: bringen könne. Ein des Menschenfreundes in jedem Betrachte würdiges Unternehmen!

Zwekmäßig geleitete Aufklärung wird es realisiren. Sie mischt für den sinnlichen, doch gutmüthigen Menschen moralisches Vergnügen mit sinnlicher Entschädigung, da sie ihm seine Verhältnisse werth macht, und das vorhin erwähnte lohnende Bewußtseyn verschaft; und auf der andern Seite durch Ausbildung seiner Berufskenntnisse ihm Aussichten zu Wohlstand und Belohnungen des Fleißes eröfnet, welche seine Existenz beschäftigen und angenehm machen. Sie bringt so Zufriedenheit in alle Klassen der bürgerlichen Gesellschaft zurük, und wenn erst diese vorhanden ist, so ist das Problem gelöset. Dann wird weder der wohlhabende Landmann, noch der durch Industrie reichlich sich nährende Bürger den Glanz und reichen Genuß höherer Klassen beneiden — aber eben so wenig solchen verachten, sondern ruhig seine Bahn fortgehen, und zur Seite gehen lassen, wer da will und kann. Denn der wahrhaft Zufriedne geizt nicht nach dem Alleinbesitze; die ihm eigene Heiterkeit der Seele gewinnt beim Anblicke vieler Menschen, die ihm gleichen; und, vergnügt in seiner Lage, hat er keine Idee für eine andere. Auf diese Weise berichtiget sich die Idee vom Glük, und das Gleichgewicht in Ansehung desselben wird zwischen den verschiedenen Klassen der bürgerlichen Gesellschaft hergestellt. — Wer sich überzeugen will, daß diese Möglichkeit zur Wirklichkeit

werden könne, der wende seinen Blik nach dem glükli=
chen England. Jener Staat, in welchem des Pairs
Bruder ein zufriedner Kaufmann oder Goldschmidt
seyn kann, enthält zuverläßig nur glükliche, und von
wechselseitigem Neide freie Bürger.

Gewiß ist diese Herstellung des Gleichgewichtes
in Rüksicht des Genusses und der bürgerlichen Zufrie=
denheit eine überaus schäzbare Seite der relativen Auf=
klärung, und die beste Rechtfertigung derselben gegen
alles, was schwärmender Universalismus ihr vorrücken
möchte: dieser räsonnirt aus allgemeinen Gründen,
unabhängig von allen positiven Verhältnissen, da
doch jene von diesen in der Anwendung so oft be=
stimmt werden müssen. So urtheilt er z. B. dem
großen Grundeigenthümer seinen Besiz ab, indessen
richtige Aufklärung, voll Achtung gegen Eigenthum
und erworbene Rechte, zahlreiche und gesättigte Fa=
milien ihm dankvoll den alten Beweis ihrer Erkennt=
lichkeit für die Quelle des Unterhaltes reichen läßt,
welche er einst ihren Vätern eröfnete.

Wahre Aufklärung soll den Menschen glüklicher
machen, und nur die Erfüllung dieses Zweckes ist der
Probierstein ihrer Aechtheit. Mithin scheint auch
von dieser Seite die Anwendbarkeit des angegebe=
nen Verhältnisses gerechtfertigt.

So stellt uns demnach d● Endresultat unserer
Untersuchung, die so oft und laut angeklagte Aufklä=

rung, ihrer wahren Beschaffenheit nach, als die wohlthätigste Freundin der Menschheit und der Staaten — und nicht als ihre verderbliche Feindin dar. Wohl uns, wenn erst diese Wahrheit allgemein erkannt ist — besser noch, wenn nie traurige Thatsachen dem Gegentheile ein oft täuschendes Licht geliehen, und sie selbst in den nachtheiligsten Schatten versezt hätten! Hier kömmt leider die anfänglich erwähnte Veranlassung dieser Blätter zurük. Aufklärung, an sich genommen, kann eben so wenig schädlich seyn, als Wahrheit; aber ihre Anwendung kann es werden. Eine zwar traurige, doch die vorhin entwickelte Theorie um so mehr bestättigende Wahrheit.

In unsern einmal vorhandenen Verhältnissen thun Modifikation und Anwendung beinahe alles. Die Menschen sind dem rohen Stande der Natur entrükt, in welchem allein Gleichheit möglich ist. Alles muß der jetzigen Lage sich anpassen, oder — wird schädlich. Daß — wo diese Wahl nur bleibt — Leidenschaft und Schwärmerei nie wählen dürfen, ist wohl natürliche Folge. Doch entschieden sie so oft über das wichtigste Interesse der Menschheit, und zum Theile war es der Gang der Kultur des menschlichen Geschlechtes selbst, der es zu so mißlichen Schiedsrichtern führte. Eine kurze Uebersicht der Geschichte unseres Ganges zur Aufklärung wird vielleicht hievon überzeugende Beweise liefern.

Sie entwuchs nach und nach der Barbarei, aber schon verkünstelte Barbarei war der Boden, der sie trug. Die ersten schönen Blühten des menschlichen Geistes erstarben in den Fesseln, und der Ueppigkeit Roms — zahllose Horden roher Menschen überströmten das ungeheure Reich, und wurden bald aus kriegerischen Wilden wilde Schwelger. — Da war nicht mehr blos das unbereitete Material, wie die Natur es gab — zwar rauh, doch rein, unverfälscht, und der edelsten Entwiklung fähig. — Sie fanden Reichthümer und Luxus, Fülle des Genusses, aber unbegrenzte Sittenlosigkeit. Der Barbar war nur tugendhaft, weil er wenig Bedürfnisse kannte, und diese zu befriedigen verstand; er besaß jene negative Tugend, welche vor der positiven vorhergeht. Seine Nahrung war einfach, weil nur der Hunger ihn zum Essen nöthigte; sein Kleid das Fell des selbstgejagten Wildes, weil dies ihm zunächst lag; Naturtrieb heftete ihn an seine Familie, und Jagd und Krieg liessen heftigen und verderblichen Leidenschaften nicht Raum. Nun öfneten sich seiner Sinnlichkeit plözlich tausend neue Aussichten zur Befriedigung eben so vieler, ihr bisher fremden, jezt aber neu erwachten Bedürfnisse. Sie ergab sich ihnen mit dem ganzen Ungestümm der ungebildeten Natur. Bald paarten sich alle Laster der überspannten Kultur mit sinnlicher Rohheit; ächte Kultur aber war entflohen — der Geist blieb öde, Wissenschaften und Künste welkten, kaum erhielt die Religion eine schwache Dämmerung, die selbst bald der allgemein werdenden dichten Finsterniß unterlag.

So wurde der höherer Ausbildung bestimmte Stof verunstaltet. Aus so äußerst heterogenen Bestandtheilen mußte Karrikatur entstehen. Alle Anstalten zur Bildung der Menschheit dienten zu ihrer Abwürdigung. Daher beherrschten der finsterste Aberglaube, Feudalsystem, religiöse und politische Tyrannei mit eisernem Szepter die unglükliche Menge. Mehrere Unfälle entstanden aus den ersten. Mit ächter Religiosität giengen wahre Moralität, Menschenliebe, und jener unersezliche Tugendsinn verlohren, der sich oft nur durch Beispiel mittheilt, aber immer Gutes stiftet, und fast immer Ueberzeugung zur Folge hat: alles dieses hätte aus der vortreflichsten Religion entstehen sollen. Politische Sklaverei erstikte Vaterlandsliebe, Thätigkeit fürs allgemeine Beste, und

Ausbreitung nüzlicher Kenntnisse. Alles theilte sich zwischen sinnlichen und mechanischen Religionsübungen und Krieg. Unwissenheit aller Klassen (die natürliche Folge dieser Verhältnisse) spielte die ganze Masse der damals vorhandenen Gelehrsamkeit in die Hände einer Klasse, welche bei all dem Guten, das sie wirkte, dieselbe dennoch zur Erweiterung ihres bereits großen, und auf dem Menschen so nahe liegenden Beweggründen ruhenden Ansehens geltend machte. Diese Herrschaft wurde bald um so ausgedehnter und drückender, je furchtsamer der Widerstand war. Nur die Macht der Regierung, von jenseitigen Eingriffen allzutief gekränkt, sah sich zu Gegenanstalten aufgefordert. Wechselseitiger Drang und Kampf um Recht von dieser, und Alleinbesiz von jener Seite — der Kampf zwischen religiöser und politischer Macht — ein ewig für die Menschheit wichtiger Streit — beginnt. Eine nur zum Besten des Ganzen gegründete, aus der Religion des Friedens und der Sittlichkeit entsprossene, billig dem allgemeinen Besten untergeordnete Macht streitet gegen den Geist der Freiheit und väterlicher Rechte, um auf ihren Trümmern sich selbst zum Zwecke zu machen.

Geist und Waffen führten den Streit; und so fieng dann endlich auch des erstern Thätigkeit wieder an. Die gepreßte Menge athmete freier, indessen diese Umstände die Ursachen des vielseitigen Druckes in ihrem Wesen oder ihrer Wirkung aufhoben. Der Fanatismus gab ihr einen neuen Schwung. Er führt den rüstigsten Theil der Europäer in dem Orient zu Grabe, und läßt aus dem Blute der Gefallenen immer wieder neue Kämpfer hervorgehen. So viele Nachtheile diese einzige und unerwartete Erscheinung hatte: so enthielt doch auch sie den zweiten Keim zur Kultur. Orientalische Sitten, und orientalischer Luxus kehrten mit den Kreuzbrüdern nach Europa zurük;

die in anfänglich überspanntem Genusse erliegende — dann aus Mangel der Mittel dumpf fortschlummernde Lüsternheit der Sinnlichkeit erwachte von neuem; mit ihr die Kindheit der Sittenbildung. Dazu gesellte sich der kriegerische Ton der Zeiten, und hieraus entstand die romantische Stimmung des Mittelalters. Die finstere Gestalt der Religion erheiterte sich, die in jenem Streite glücklich obsiegende geistliche Gewalt formte die Art ihrer Herrschaft sanfter, doch darum nicht weniger sicher. Der Klosterstand nahm schnell überhand, und erhielt jenen wichtigen Einfluß in das Privatleben, der so tiefe Wurzeln faßte. Des Menschen rege Sinnlichkeit wurde durch sinnliche Zeichen und Formen der Andacht gewonnen.

Immer stiegen Sinnlichkeit, Luxus und Sittenbildung in enger Verbindung. Feinere Lebensart trat an die Stelle des wilden Tones voriger Zeiten. Sanftere Gefühle fanden den Weg zum Herzen, nachdem körperliche Rauhheit nicht mehr der erste Vorzug des Mannes war. Die Verbindung mit dem Auslande, welche durch die Erneuerung des westlichen Kaiserthums, und durch die Römer- und Kreuzzüge stuffenweise zugenommen hatte, die Vermehrung der Bedürfnisse, und der zunehmende Hang zum Genusse gaben dem Handel neues Leben, und dieser wurde in seinen Folgen bald merklich wirksam. Neue Entdeckungen von Meeren und Ländern erhoben die Schiffahrt zur wichtigsten Kunst, und durch sie unterstützt, machte der Handel Riesenschritte. Die Goldminen der neuen Welt erfüllten die alte mit Schätzen, Bedürfnissen und Erfindungen zu ihrer Befriedigung. Der menschliche Geist wurde auf diesem Wege durch die Sinnlichkeit selbst wieder zu Künsten und Wissenschaften geführt, und gieng von den mechanischen zu den intellektuellern über. Bedürfniß nöthigte ihn zu Vervollkommnung seines Gewerbes; er lernte Kenntnisse suchen, und nachdem er sie gefunden hatte, gewann er sie lieb. — Reichthümer führten zum Nachdenken über das Vergnügen, weil man der ersten rohen Freuden bald satt war, und sich doch nach Genuß sehnte; auch die Vergnügungen des Geistes fanden ihre lang vermißte Stelle wieder. Der Zeitpunkt näherte sich, da die Denkkraft selbst wieder thätig werden konnte.

Religiöser und politischer Druk hatten unzähligen, und in ihrem Besitzstande noch unverrükten Vorurtheilen das Daseyn gegeben. Das Auffallende und Harte des ersten wirkte vorzüglich lebhaft auf den wieder rege gewordenen Geist; die Reibung war allzuheftig, und Trennung ihre Folge. Hier fiel auch auf das nachbarliche Erdreich des Saamens viel für die Zukunft. Partheigeist, Eigennuz, politische Verhältnisse ließen zwar dem verjährten und erschütterten Vorurtheile neue Kraft; allein, wenn einmal der Geist des Menschen einem schädlichen Vorurtheile entgegen zu sträuben anfängt: so fällt dasselbe früh oder spät. Seit jenem Zeitpunkte stiegen mächtige Geister unaufhörlich auf der Bahn ihrer Vorgänger fort bis zur Wahrheit. Immerhin treflich und heilsam, hätte nur jederzeit die Anwendung derselben ihrem Werthe entsprochen!

Die Kultur gewann an Vollständigkeit. Wissenschaften, Künste und Denkkraft schritten in enger Verschwisterung weiter. Handlung, Reichthum, Luxus, Sitten nahmen in gleich inniger Verbindung zu, und bildeten sich wechselseitig aus. Hier begann eine merkwürdige Scheidung der Menschen. In den Zeiten roher Unwissenheit war das Ganze eine Masse gleich gedankenloser Geschöpfe; nur hie und da eristirte ein von Natur und zufälliger Entwiklung begünstigter Mann, dessen Geist sein Zeitalter überflog. Allein nun entstunden zwei gleich merkwürdige und wichtige Klassen: der sogenannte Mittelstand — von welchem nachher — und die Gelehrten. Fast um die nemliche Zeit entwuchs jener den uralten Abtheilungen des Volkes, und dieser erhielt sein eigentliches politisch tolerirtes Daseyn. Beide sind äußerst bedeutend in der neuern und neuesten Kulturgeschichte geworden — beide hatten ihre großen Folgen verschiedener Art. Die sinnliche Menge blieb an Reichthum, Gewerben, Luxus und Genuß, als unmittelbaren Gegenständen ihres Bestrebens, hängen — der Gelehrte wählte hierzu die Wahrheit und Beförderung von Menschenwohl durch dieselbe. Große Geister erfanden sie — nun traten die kleinern ihr Werk an, und verarbeiteten den gefundenen Stof. — Allein bald wurde dies beim größern Haufen zum Gewerbe im eigentlichsten Verstande, — und die würdige Rolle eines Dieners der Wahrheit, Aufklärung und guten Sache verwandelte sich häufig in das unedle Verhältniß eines eigennützigen Vertrödlers, — oder noch schlimmer — Verderbers desselben. Jeder wählte sich nach Neigung, Laune und Vortheil sein Feld, und trieb alles, was dahin Bezug hatte, mit dem lebhaftesten Eifer. Die Wahrheit erhielt so unendliche Modifikationen, und der absichtliche oder zufällige Gesichtspunct so verschiedener Bearbeiter mußte häufig schiefe Anwendung hervorbringen. Ueberdies wurde sie nun ein allgemeines Eigenthum, ehe die Menge ihrer empfänglich war, und dies hatte unvermeidlichen Mißbrauch zur Folge. — Religiöse Aufklärung gieng voran — Luxus und Schwelgerei hatten der Sittlichkeit die schiefste Richtung gegeben: ächte Religion begann erst durch den diksten Aberglauben emporzudringen, und war um so seltner, je mehr ihr heilsamer Einfluß einem verjährten Systeme unterliegen mußte. Dieser verjährte Druk allein ersezte bei den meisten ihre Stelle — Wahrheit erschien, und machte ihn verhaßt. Wie willkommen mußte nicht diese Begebenheit dem menschlichen Hange zur Sinnlichkeit in seiner verderbten Lage — und zugleich dem rege werdenden Geiste seyn! Wahrheit wurde schädlich — der Druk zum Theile abgeworfen, zum Theile nur in seiner Aussenseite verändert, und fragmentarische Aufklärung — Mangel an Grundsätzen — unbestimmtes Schwanken trat an seine Stelle; die nur unter jenem Gesichtspunkte sonst bekannte Religion wurde vergessen, und diese wichtige Triebfeder des allgemeinen Besten entkräftet.

Auch in politischer Rüksicht näherte sich gleiche Epoche. Der neu entstandene Mittelstand war allmählich alt, und in dem ruhigen Besitze seiner durch Industrie und Reichthum errungenen und behaupteten Existenz fest geworden. Die Reste des zerfallenden Feudalsystems drükten größtentheils nur noch den eben so ehrwürdigen, als seiner ersten Bestimmung nach glüklichen Stand des Landbauers. Der Adel hatte Krieg und Landleben mit dem Luxus und dem Aufwande der Städte vertauscht, sich an die Höfe angeschlossen, Staatsdienste angetreten, oder in andern Verfassungen sich mit dem bedeutend gewordenen Mittelstande in die Herrschaft getheilt. Die Macht der höchsten Staatshäupter hatte sich unendlich vermehrt. — Das System der neuen Politik, welches in dem Bestreben nach wechselseitigem Gleichgewichte sich konzentrirte, der Allianzen, stehenden Heere, und der Abschaffung der persönlichen Kriegsdienste hatte die Steuern eingeführt, vermehrt, überspannt — die Staatsbedürfnisse waren ausnehmend gewachsen, und zugleich die Privatbedürfnisse unendlich erweitert. Kollision war mithin eben so möglich, als diese Möglichkeit behutsam zu behandeln. In dieser durch den stuffenweisen Gang der Zeit, und des menschlichen Geistes hervorgebrachten Lage wäre es gewiß heilsam gewesen, jene an sich wichtigen und nüzlichen Abstrakzionen des allgemeinen Staats- und Völkerrechtes, und der ganzen absoluten politischen Aufklärung mit der weisesten Mäßigung und Zurükhaltung zu bearbeiten, und nach dem vorhin entwickelten innern Staatsverhältnisse in Anwendung zu bringen. Denn vorhanden war die augenscheinliche Möglichkeit, daß sie, aller ihrer Aechtheit, und ihres innern Werthes ohngeachtet, für bürgerliche Gesellschaft und Ordnung äußerst nachtheilig werden könnten, sobald ihre unbedachtsame und unzwekmäßige Mittheilung an die unvorbereitete Menge, mit irgend einem politischen Vorfalle, mit einer äußern oder innern gewaltsamen Erschütterung, oder mit der kühnen oder arglistigen Aufforderung eines schwärmerischen oder ehrgeizigen Demagogen zusammenträfe! Dennoch wurden sie bald der Stof so vieler Schriften, welche, ohne zu der wesentlichen Entwiklung derselben etwas beizutragen, vielmehr mit häufigem Nachtheile der Wahrheit, von Ruhmsucht, Eigennuz oder unbedachtsamem Eifer fürs Gute erzeugt wurden. So zerstreute sich der Saame der neuesten Thatsachen.

„Ein Schwärmer kann des Uebels mehr anrichten, als zehen Weise zu vergüten vermögen." — Dies war hier unzähligemal, und um so mehr der Fall, da die sonst so vortrefliche Erfindung der Buchdruckerkunst auch der Schwärmerei Flügel gab. Ungemeinen Eindruk machte daher auf mich, bei der Ueberzeugung von dieser schriftstellerischen, so bedenklichen Schwazhaftigkeit, der Ausdruk eines der neuern französischen Blätter: Soyons justes: les auteurs ont tout fait. Er enthält mit wenigen Worten das Resultat dieses Blickes über die Geschichte unserer Kultur, und in den Augen eines jeden, der weiß, was alles geschah, nebst dem Lobe der ächten, großen Entdecker der Wahrheit, den empfindlichsten Vorwurf für jene nachtheilige litterarische Unbescheidenheit.

Aber — ist nun nicht das Uebel geschehen, und Untersuchung und Klage vergeblich? — Mir scheint es nicht so: verlohren hat der erst, der seinen Muth verliert. Für jedes Uebel ist noch eine zwekmäßige Wendung übrig, so bald Festigkeit des Willens vorhanden ist; und wo diese mangelt, gebricht der Stof zur Größe und edeln Thatkraft. Es kömmt nur auf die treueste Anhänglichkeit an seinen guten Regenten, an Vaterland und Verfassung — auf die ernste Thätigkeit jener Männer, die ihr Leben und ihre Kräfte dem allgemeinen Besten weiheten — auf redlichen Eifer, und tugendhafte Selbstverleugnung aller Staatsbürger — auf stilles und beharrliches Streben zum Guten, Entsagung auf jedes willkührliche Unternehmen, und alle zerrüttende Selbsthilfe, und treue Berechnung der innern Beweggründe — kurz auf reine Menschenliebe, edle Eintracht und biedere Standhaftigkeit an, um Aufklärung nüzlich zu machen, und Menschenglük durch sie zu schaffen. Dann wird das Uebel gehemmt seyn, und jene Staaten, welche sich selbst ver solchem beschüzten, werden mit Wonne die Früchte ihrer Mäßigung und Weisheit erndten.

Möchte demnach jener Antheil der Aufklärung, welche bereits durch so verschiedene, und so selten durch die zwekmäßigsten Wege allgemein wurde, die Menge zu der wahren Erkenntniß ihres Besten führen, und sie der Einwirkung der Arglist, des Ehrgeizes, und der Herrschsucht unter reizender Larve der Freiheit, des Patriotismus und der Liebe des allgemeinen Besten entziehen! Befolgung seiner Pflichten ist der einzige Weg zum Glücke; diese kennen lernen, die Summe der Weisheit; ihre Erfüllung über sich selbst gewinnen, die Summe der Tugend. So gehen Aufklärung, Tugend und Glükseligkeit Hand in Hand; ihnen gegenüber Schwärmerei, Leidenschaft, Bosheit und Verfall.